研发团队知识网络与创造力

吕 洁 著

清华大学出版社
北京

内 容 简 介

在互联网和数字技术飞速发展的今天，企业的内外部环境都发生了巨变，不确定的市场动向、多变的商业模式、动态的工作环境等都要求企业保持源源不绝的创新动力。研发团队创造力是高新技术企业获取创新绩效和竞争优势，助力企业走向全球市场的关键所在。在研发工作流程和社会互动过程中所形成的知识网络，直接关系到团队知识的整合效率并影响最终的团队研发成果。本书立足于企业研发团队管理实践，结合定性与定量研究方法，从不同研究视角揭示了研发团队知识网络对创造力的作用机制，由此提出研发团队的知识管理措施和创造力提升策略，具有重要的理论价值和实践意义。

本书研究视角新颖独特，研究过程严谨规范，研究数据真实可靠，且在内容上具有较好的可读性，适合相关领域的研究者和企业人员阅读。

本书封面贴有清华大学出版社防伪标签，无标签者不得销售。

版权所有，侵权必究。举报：010-62782989，beiqinquan@tup.tsinghua.edu.cn。

图书在版编目(CIP)数据

研发团队知识网络与创造力/吕洁著. —北京：清华大学出版社，2023.2

ISBN978-7-302-62603-9

Ⅰ. ①研… Ⅱ. ①吕… Ⅲ. ①企业管理—组织管理学—研究 Ⅳ. ①F272.9

中国国家版本馆 CIP 数据核字(2023)第 021677 号

责任编辑：梁媛媛
装帧设计：李　坤
责任校对：周剑云
责任印制：宋　林

出版发行：清华大学出版社

网　　　址：http://www.tup.com.cn，http://www.wqbook.com
地　　　址：北京清华大学学研大厦 A 座　　　邮　　编：100084
社 总 机：010-83470000　　　邮　　购：010-62786544
投稿与读者服务：010-62776969，c-service@tup.tsinghua.edu.cn
质量反馈：010-62772015，zhiliang@tup.tsinghua.edu.cn
课件下载：http://www.tup.com.cn，010-62791865

印 装 者：三河市少明印务有限公司
经　　销：全国新华书店
开　　本：185mm×260mm　　印　　张：11.25　　字　　数：274 千字
版　　次：2023 年 4 月第 1 版　　印　　次：2023 年 4 月第 1 次印刷
定　　价：79.00 元

产品编号：095199-01

前言

在托马斯·爱迪生之前，夜间阅读是一种奢侈；在莱特兄弟之前，人类翱翔天空是一种想象；在格蕾丝·霍珀之前，计算机编程只是一种科幻……社会的发展总是突破现有界限或挑战当下"常识"的创造力的结果。创造力指的是产生新颖、适宜且有用的想法的能力，被认为是经济增长与社会变革的原动力。鉴于其种种社会和经济价值，数十年来，创造力一直是研究者和实践者关注的热门主题。

对于高新技术企业而言，创新突破的关键在于其能否开发出卓越的产品以及是否具备更有效率的制造流程，以超越其他企业，成为市场领先者。企业的技术创新不仅需要大量资源支持，更需要强调核心技术和知识等关键的生产要素，而且对知识管理能力也有更高的要求。研发是企业创新活动的起点，也是知识创造的重要方式。企业普遍通过建立研发团队的方式来完成各类复杂的创新任务，如产品研发团队或技术研发团队等。作为知识载体和创新主体的这些研发团队，逐渐成为决定企业生存与发展的重要资源。

研发团队创造力是高新技术企业获取可持续创新动力和竞争优势，助力企业走向全球市场的关键所在。企业研发活动的关键是根据问题情境和任务复杂性投入相关领域的专业知识，在团队成员专长互补和知识共享的前提下，通过良好的知识互动和知识协同效应，带来研发团队的创造力。在各个研发流程和知识互动过程中所形成的知识网络，会受个体、团队及组织等不同因素的影响，且直接关系到团队知识的整合效率，以及影响最终的团队研发成果。因此，研发团队若能妥善利用知识网络，以提高获取、转移及创造知识的机会，充分实现知识共享，便能有效提升团队创造力，进而有利于提高组织的创新绩效和获取竞争优势。

目前，关于知识网络与创造力的研究正不断涌现，此类研究普遍探讨了个体创造力或组织创新绩效，对团队层面的知识网络现象和创造行为的关注相对较少。相比一般团队而言，研发团队成员之间的知识互动过程更为重要，其中重要的过程机制仍有待深入的探讨。本书采用理论研究、案例探索、实证检验等方法，探讨了研发团队知识网络与团队创造力之间的作用机制，揭示了研发团队知识网络的结构特征、交互记忆系统、授权型领导与研发团队创造力之间的关系。具体而言，本书共包括三个部分的研究工作。

第一个研究是围绕研发团队知识网络与创造行为的主题开展理论探索。采用案例研究的方法，结合扎根理论的分析技术，考察两个企业中多个研发团队的知识互动情况。通过提炼重要的概念和范畴及其可能的逻辑关系，构建初步的理论框架，以理解团队的研发创造行为。结果表明，研发团队知识网络的形成取决于个体、团队和组织等层面要素，主要体现在团队特征和团队行为两个方面。而且研发团队知识网络在授权型领导、团队创造氛围、交互记忆系统等团队情境，以及组织特征、创新支持与组织文化等组织情境的边界条件下，会对团队创造力产生重要影响。

第二个研究是对知识网络结构特征与团队创造力之间的作用关系开展实证分析。从团队认知视角出发，基于 17 家上海高新技术企业研发团队的配对数据，探讨研发团队知识网络的结构特征、交互记忆系统对团队创造力的影响。结果表明：①研发团队知识网络点度中心性对团队创造力具有积极影响。②交互记忆系统与团队创造力之间存在积极关系，交互记忆系统在团队点度中心性与团队创造力的关系中起中介作用。③研发团队知识网络中介中心势对交互记忆系统与团队创造力的关系起调节作用。具体而言，当团队知识网络中介中心势较低时，交互记忆系统与团队创造力之间的积极关系会更强；当团队知识网络中介中心势较高时，交互记忆系统与团队创造力之间的积极关系则不显著。在企业研发活动中，管理者应该采取有效措施，增加团队成员之间均衡或平等的知识检索与知识交流的机会，促进团队交互记忆系统的发展，以提升团队创造力。

第三个研究是探讨知识网络情境下授权型领导对团队成员创造力的影响。研发团队成员的创造力不仅受授权型领导行为的影响，同时也受个体水平的心理授权变量以及团队水平的情境授权变量的影响。对国内 15 家人型企业中 62 个团队开展问卷调查后，从整合视角出发，采用多层线性模型的分析方法，在个体水平和团队水平上探索了授权型领导与研发团队成员创造力之间的作用关系，结果如下。

(1) 授权型领导对研发团队成员创造力具有积极影响。

(2) 在个体层面，授权型领导对团队成员的自我创造效能具有显著的正向影响，自我创造效能在授权型领导与成员创造力的关系中起中介作用。

(3) 在团队层面，授权型领导对团队创新氛围具有显著的正向影响，团队创新氛围在授权型领导与成员创造力的关系中起中介作用。

与现有研究相比，本书的创新之处如下。

(1) 基于研发团队的知识工作实践，从个体、团队和组织等层面识别了知识网络形成与发展的一系列重要因素，清晰呈现了研发团队知识网络的涌现过程，有助于丰富知识网络的相关理论。

(2) 根据团队知识内容的复杂性和知识互动方式的多样性，从团队水平上刻画了团队点度中心性和团队中介中心势这两个重要的知识网络结构特征，揭示其对研发团队创造力的差异化影响。

(3) 从团队认知的视角，构建"知识网络—团队认知—团队创造力"的新型理论框架，阐明交互记忆系统对知识网络结构特征与研发团队创造力的关系机制，体现了社会网络与认知科学的领域融合，丰富了团队创造力的相关理论。

(4) 从"心理授权"和"情境授权"的整合视角出发，分别在个体层面和团队层面关注了自我创造效能与团队创新氛围这两个重要的过程变量，揭示了知识网络情境下授权型领导对研发团队成员创造力的作用机制。

本书所探讨的研发团队知识网络建设和管理的问题具有较高的普适性，适用于当前各类不同的行业企业。本书的研究结论对企业管理者系统化地理解和把握研发团队知识网络的构建与优化途径、发展适宜的团队认知系统、发挥授权型领导的多重作用、提升研发创造力等，都具有启示意义和实践应用价值。

本书是上海市哲学社会科学规划一般项目"上海高新技术企业研发团队的知识网络特征与管理策略"(2020BGL016)资助项目。

由于受样本、时间及人力等条件限制，以及作者水平有限，本书难免存在一些不足之处，敬请各位读者、专家批评指正。

编　者
2022 年 7 月

目录

第1章　绪论 1

1.1　研究背景 3

1.1.1　现实背景 3

1.1.2　理论背景 5

1.2　研究目标与意义 7

1.2.1　研究目标 7

1.2.2　研究意义 8

1.3　研究内容与方法 9

1.3.1　研究内容 9

1.3.2　技术路线 11

1.3.3　研究方法 12

第2章　理论综述 15

2.1　研发团队相关研究 17

2.1.1　研发团队的内涵 17

2.1.2　研发团队的知识创造 23

2.2　创造力相关研究 26

2.2.1　创造力的概念与层次 26

2.2.2　创造力的形成与运作方式 31

2.2.3　创造力的前因与测量 38

2.3　知识网络相关研究 46

2.3.1　知识网络的概念 47

2.3.2　知识网络的研究层次 50

2.3.3　知识网络与创造力的关系 57

2.4　研究述评 59

第3章　研发团队的知识网络与创造行为 63

3.1　问题提出 65

3.2　研究方法 66

3.2.1　案例研究 66

3.2.2　扎根理论 67

3.2.3　研究步骤和样本选择 ………………………………………………… 69

3.3　资料收集 …………………………………………………………………… 70

3.3.1　案例公司简介 ………………………………………………………… 70

3.3.2　资料收集 ……………………………………………………………… 72

3.4　案例分析 …………………………………………………………………… 74

3.4.1　开放性编码 …………………………………………………………… 75

3.4.2　主轴性编码 …………………………………………………………… 76

3.4.3　选择性编码 …………………………………………………………… 77

3.4.4　信度与效度检验 ……………………………………………………… 78

3.4.5　理论饱和度检验 ……………………………………………………… 79

3.5　模型阐释 …………………………………………………………………… 79

3.5.1　知识网络的形成因素 ………………………………………………… 80

3.5.2　团队创造的认知倾向 ………………………………………………… 81

3.5.3　授权型领导的影响 …………………………………………………… 84

3.6　研究结论 …………………………………………………………………… 86

第4章　知识网络的结构特征对团队创造力的影响 ……………………… 89

4.1　问题提出 …………………………………………………………………… 91

4.2　理论与假设 ………………………………………………………………… 93

4.2.1　知识网络点度中心性与团队创造力 ………………………………… 93

4.2.2　交互记忆系统的中介作用 …………………………………………… 94

4.2.3　团队知识网络中介中心势的调节作用 ……………………………… 97

4.3　研究方法 …………………………………………………………………… 100

4.3.1　被试和程序 …………………………………………………………… 100

4.3.2　变量测量 ……………………………………………………………… 101

4.4　数据分析 …………………………………………………………………… 103

4.4.1　结构效度与数据聚合 ………………………………………………… 103

4.4.2　描述性统计 …………………………………………………………… 104

4.4.3　假设检验 ……………………………………………………………… 104

4.5　结果与讨论 ………………………………………………………………… 107

第5章　知识网络情境下授权型领导对成员创造力的影响 ……………… 111

5.1　问题提出 …………………………………………………………………… 113

5.2　理论与假设 ………………………………………………………………… 115

5.2.1　授权型领导与研发团队成员创力 …………………………………… 115

5.2.2　自我创造效能的中介作用 …………………………………………… 116

5.2.3　团队创新氛围的中介作用 …………………………………………… 118

5.3　研究方法 …………………………………………………………………… 121

    5.3.1　研究样本 121

    5.3.2　变量测量 122

    5.3.3　结构效度与数据聚合 124

  5.4　假设检验 124

  5.5　结果与讨论 127

第 6 章　总论 129

  6.1　主要结论 132

  6.2　理论进展 135

  6.3　管理建议 137

  6.4　研究局限与展望 140

附录 143

  附录 A　访谈提纲 145

  附录 B　概念与范畴汇总表 147

  附录 C　研发团队调研问卷(一) 149

  附录 D　研发团队调研问卷(二) 152

  附录 E　团队领导调查问卷 156

参考文献 159

第 1 章

绪　论

1.1 研 究 背 景

1.1.1 现实背景

近十年来，我国深入实施创新驱动发展战略，经济实力和科技实力等都获得了显著提升，走出了一条从人才强、科技强，到产业强、经济强、国家强的发展道路。高新技术企业是我国经济发展的重要力量和科技创新的重要载体。全国高新技术企业数量已从十多年前的 4.9 万家增加到 2021 年的 33 万家，研发投入占全国企业投入的 70%，上缴税额由 2012 年的 0.8 万亿元人民币增加到 2021 年的 2.3 万亿元人民币。在上海证交所科创板、北京证交所上市的企业中，高新技术企业占比超过 90%，尤其是涉足电子信息、生物医药、航空航天、新能源和新材料等产业的高新技术企业，已成为我国经济新的增长点。

在全球技术日新月异、国内外竞争日趋激烈的环境下，创新是企业壮大自身实力和发展核心竞争力的重要手段。而作为技术创新的重要方式，研发已成为企业可持续发展的重要保障(Madhavan & Grover, 1998)。随着产品生命周期的持续缩短，企业必须审时度势，不失时机地研发新产品并快速地推向市场，只有这样才能在全球竞争市场中立足。回顾过去，在经历两次全球性经济危机、两次世界大战，以及席卷全球的"西班牙流感"的严酷环境中，拜耳、3M、IBM 等企业都是通过成功建立研发中心源源不断地产生专利技术，借助研发与创新才得以发展至今。企业的技术创新不仅需要大量资源支持，更需要强调核心技术和知识等关键的生产要素，对知识管理能力有更高的要求(彭灿，等，2021)。研发团队是在企业创新活动中，通过整合多领域的专业知识或技能来完成研发项目的团队。任何创新任务，都离不开研发团队的参与和努力，因此建立一支强大的研发队伍非常关键。研发团队通过合作、沟通、学习、分工和协调等方式，汇集专业技术人员的知识和才能，是实现组织创新的有力途径。

然而，研发团队并不总能带来预期的创新效果。在管理实践中，虽然很多企业都将大量精力投入到新产品开发实践中，但新产品开发的结果似乎常常是意外的，并非是某些规则的成效。现实中研发项目的失败率普遍在 50%以上，研发团队的失败给管理实践带来新的挑战。企业的创新发展来自员工创造性思维的推动，新产品失败的一个重要原因是缺乏创造力。只有充分激发研发团队创造力，才能有效提升企业的创新活力。当前，研发团队创造力是高新技术企业之间竞争和博弈的重点(杨红，等，2021)，如何有效地运行研发团队以提升团队创造力逐渐变得十分重要和迫切。企业若能积极有效地激发研发团队的创造力，不仅可以强化自身的产能优势，提升产业竞争力，还可以带动企业内源源不绝的创意活力，对企业创新具有立竿见影的效果。

在研发团队开展创造性活动和解决问题的过程中，知识库是创造力的根源，因为新产品的成功开发离不开知识的有效管理(徐露允和龚红，2021)。新产品开发是通过整合多种知识流来创造知识的过程，与跨技术领域的知识整合密切相关(Guan & Liu，2016)。因此，研发团队内部的异质性、非对称的知识及其互动关系网络，是研发创造力的重要保障。这种知识网络的优势在于，可以利用研发人员的社会互动实现知识共享和核心资源获取，以提高团队研发创造力，给企业技术创新注入源源不绝的动力。在研发团队管理实践中，尽管人们花费巨大代价和精力创建各种正式的知识交流通道，如学习与培训、工作交流、专家小组、建设知识库等，但是却往往收效甚微，较少产生管理者所预期的创新效果。事实上，基于任务复杂性、知识内隐性和互动积极性等现实，大量研发团队面临知识交流与利用不充分、协调成本高等难题，进而导致企业陷入创新困境。例如，知识转移(尤其是隐性知识的转移)很难通过正式的规章或制度进行安排和激励，而且专业的研发知识是一种稀缺资源，团队成员所分享知识的重要性及知识分享的深度和广度也无法得到保障，更多地依赖个人意愿或其他外在诱因。在关系团队创造力形成的知识协作方面，研发团队知识网络不一定能发挥理想的效果。管理者常常对研发团队的知识协调和资源共享等问题感到棘手，而团队成员则感叹与他人有效合作的难度。因此，"如何最大化地利用知识网络，以提升团队创造力"是所有研发团队所面临的重要问题。

1.1.2　理论背景

在变革时代,组织创新的紧迫性日益提升,国内外关于团队创造力的研究方兴未艾。团队创造力研究是微观组织行为研究的一个子领域,历史相对较短。自从吉尔福特在 1950 年建立美国心理学会以来,关于创造力的研究就开始于个体认知和人格特征方面(Guilford, 1950),早期学者主要涉及个体创造力。数十年后,群体环境中的创造力才逐渐引起人们的关注(Lopez-Cabrales, Pérez-Luño & Cabrera, 2009),相关研究才逐渐扩展,包括团队结构、认知心理,以及更加动态、相互联结的社会系统(Kurtzberg & Amabile, 2001; Kurtzberg, 2005)。由于团队成员可以获得和交叉利用更多、更广泛的视角,因此团队工作可以带来更多新的联想和创造成果(Perry-Smith & Shalley, 2003)。当前,研发团队创造力已受到学术界广泛关注(如孟添天,等,2022; Kobarg, et al., 2019; 马长龙和于淼,2019; 余义勇,等,2020)。现代研发团队的创造力,是指研发团队成员集体产生新颖、有用的想法(体现在产品、服务、创意、工艺或流程等方面),被认为是企业竞争力的重要来源(Chen, et al., 2010; Geng, et al., 2021)。在组织情境中,团队创造力是一个多面向的构念,体现在想法形成、团队过程和团队结果等各个方面(Amabile, 1988; Jackson & Messick, 1965)。

在知识经济时代,竞争优势的主导来源是知识,而创新则是知识应用的结果(Drucker, 1993)。组织或团队对于有关知识创造、存储、检索、转移和应用的管理流程愈加重视(Alavi & Leidner,2001),组织的知识运用及创新能力是其提升竞争力的主要因素(Balestrin, et al.,2008)。因此,越来越多的学者开始研究知识如何影响组织的经济价值与绩效,以及个人和团队的知识管理过程。近来,管理学界对知识网络的关注度日益提升。组织利用知识网络获取、存储并创造知识,实现知识共享,可使这些知识得到再利用,进而创造更多的价值。当团队在解决任务时,通过知识共享平台将各员工的知识资本、社会资本进行整合,形成知识网络,使得成员能够依靠分享知识、信息和技术协调完成各自的任务,能够显著提高绩效以及知识创造效果。已有的大量研究表明,知识网络的结构特征与关系特性等,对个体、团队以及组织的知识搜寻、获取、转移、吸收和应用能力有至关重要的影响(Nahapiet & Ghoshal，1998；汤超颖和黄冬玲，2016)。

由于知识创造的实质是对现有知识进行重新组合(Fleming, 2001)，所以研发团队的创造活动与其知识网络密切相关。研究者普遍认为，团队形成新颖、有用的创意的能力，无可避免地与团队成员所具备的与任务相关的知识相联系(Kurtzberg & Amabile, 2001; Lopez-Cabrales, et al., 2009)。团队成员之间的知识异质性作为一种认知资源，有利于个体解决问题或形成新想法。研发团队的知识网络是建立在团队成员之间的社会关系基础上的，是通过异质性信息或知识流动的联结构成的网络。在知识网络构建与管理的过程中，研发团队面临的关键挑战之一是需要克服团队成员之间的知识边界，这些边界与来自多种学科的不同知识背景有关。因为知识边界容易产生各种沟通问题，需要团队成员参与到复杂的认知过程中。团队创造性思维的产生需要团队成员的集体信心和知识合作(Shin & Eom, 2014)，也需要管理者整合各类资源来激励团队成员。

目前，不论是管理学、社会学，还是心理学领域，国内外学者对知识网络和创造力之间关系的研究正在蓬勃兴起。这些研究多关注于个体关系网络所带来的异质知识与复杂知识对创造力的贡献，其理论前提是：创造力来源于异质知识的获取和重组，而网络结构充当了异质知识的代理(汤超颖和邹会菊，2012)。研究发现，知识网络的结构、关系和节点特征通过知识转移、传播或扩散等直接或间接影响创造力(Phelps, et al.,2012；张华，等，2008)。尽管研发团队通过不同成员的多样化思维或专长的恰当组合，可以形成更深入的见解和更高的创造力，进而成为企业创新的源泉，然而，不少研究发现，团队成员之间的知识交流与知识整合往往是不充分的，会直接影响团队的创造结果(Lavie & Drori, 2012)。本质上，团队知识互动也是一种认知活动。知识在网络中的社会化整合过程会影响团队认知状态(Lin, et al., 2021; De dreu, et al.,2001)，并受到个体及团队中各种因素的影响。目前，有关知识网络的研究多从单一的现象层面进行分析，强调所研究层面的特定行为，鲜少结合微观的认知层面开展联合分析。因此，对研发团队知识网络和创造力的作用机制还需要开展更为深入的探究。

1.2 研究目标与意义

1.2.1 研究目标

本书以企业研发团队为分析对象，将团队知识网络视为系统性的知识创造单元，关注了研发团队内部知识互动与整合的组织过程，结合文献整理、案例分析和问卷调查等质性研究和定量分析的方法，探究知识网络如何引致团队的创造结果，以及个体和团队等层面的因素如何影响这些关系。因此，本书研究的总目标是：关联知识网络和团队创造力的相关理论，从多个不同视角探讨研发团队知识网络与创造力之间的影响机制。具体包括如下内容。

（1）识别研发团队知识网络的形成及特征。通过采用多案例研究的方法，考察不同企业研发团队的工作流程和知识互动过程。从个体、团队及组织等水平上分析知识网络形成的一系列影响因素，呈现研发团队知识网络的涌现过程。根据团队知识的多样性和知识互动的复杂性，探索研发团队知识网络的重要特征，以识别研发团队内的关键知识资源和价值。

（2）探究研发团队的创造机理。根据企业研发团队的工作实践，从团队知识管理的角度出发，在案例研究中利用扎根理论的分析技术，从团队认知和团队行为等层面探索研发团队内部知识网络中的关键情境因素，及其对团队创造力的作用路径，构建本研究的理论分析框架。

（3）揭示知识网络、交互记忆系统对研发团队创造力的作用机制。结合质性研究的分析结果，从研发团队创造过程中知识网络的作用与团队认知的发生机制出发，构建变量关系模型，采用大样本调查与分析的方法，对研发团队知识网络、交互记忆系统以及团队创造力的作用关系开展实证检验。

（4）阐明授权型领导对研发团队成员创造力的影响。从现有的知识管理和创造力研究的理论框架出发，结合前述质性分析结果，整合授权型领导在个体及团队层次上对研发团队成员创造力的不同作用路径，构建变量关系模型，通过问卷调查和跨层次分析的方法，对授权型领导与团队成员创造力之间的作用机制开展系统的探讨和检验。

1.2.2　研究意义

本书从知识管理、社会网络、认知科学和领导理论等交叉领域出发，立足于研发团队管理实践，综合运用案例研究、问卷调查和统计分析等方法，围绕研发团队中"知识网络的形成与特征""团队认知的发生机制""团队创造过程及影响因素"等问题开展理论探索和实证分析，具有重要的研究意义。

(1) 基于研发团队知识内容的复杂性和知识互动方式的多样性，分析知识网络的关键特征及其成因，揭示其对团队认知的复杂作用机制，拓展了知识网络的相关理论。

(2) 从团队认知层面，构建"知识网络—团队认知—团队创造力"的新型分析框架，将研发团队知识网络作为创造力的一种动态解释机制，并且把研究焦点从外显的知识互动行为转向内隐的信息加工过程，丰富了团队创造力领域的研究成果。

(3) 从社会行为层面，整合授权型领导在个体和团队层面上对成员创造力的不同作用路径，以挖掘研发团队的创造行为规律，延伸了领导与创造力相关的理论观点。

研发团队创造力是当前高新技术企业走向全球市场，获取可持续创新动力和竞争优势的关键所在。团队成员之间形成的知识网络直接关系到团队知识的整合效率，进而影响团队创造力。本书所探讨的研发团队知识网络建设和管理模式的问题具有较高的普适性，适用于当前各类不同行业的企业，可为其研发团队的管理实践提供一定的现实指导，具有重要的实践价值。

(1) 有助于管理者系统化地理解和把握研发团队知识网络的构建与优化途

径。基于企业自身优势和研发活动特色设计团队架构，采取有效措施吸引具有多样化知识背景的研发人员，利用知识互补优势和有效的知识互动机制，建立并激活知识网络。

(2) 有助于管理者发展适宜的团队认知系统，实现团队知识的潜在价值。在团队的研发活动中建立良好的知识检索与交流平台，帮助团队成员快速、高效地获取所需知识，维系和促进交互记忆系统的发展，以发挥知识网络的优势。

(3) 有助于管理者认识到授权型领导对团队及个体成员的多重影响，深刻、系统地把握团队领导角色在提升研发团队创造力中的作用。

1.3 研究内容与方法

1.3.1 研究内容

本书拟在文献研究的基础上，针对知识网络和团队创造力之间的作用关系问题，展开以下三个阶段的研究工作。

1. 理论研究：研发团队的知识网络与创造行为

对于科技员工的持续工作及企业创新能力而言，理解个体之间传递知识与信息的关系网络的产生方式、结构及功能至关重要。在研发团队中，完成团队任务往往需要结合不同领域的知识，这些知识可能分布于多个学科中，每位知识专家需要跨越不同知识之间的边界进行沟通与交流。这种知识互动行为可以使团队成员识别并形成大量新的观点，进而促进创造力的发展。因此，知识关系及其构成的网络对于团队创造力而言尤为重要。

为了从知识互动方面理解研发团队的创造机制，以及深入探讨研发团队知识网络与团队创造力之间的关系，需要识别研发团队中有意义的或特定的知识互动行为。虽然以往研究普遍认为知识网络对于复杂问题的解决或知识任务的执行有一定的推动作用,但较少分析具体的知识互动行为与团队创造力之间的内在机制。案例研究适合探讨"如何"和"为什么"之类的问题,有助于分析可能的研究变量之间的内在关系(Yin, 2003)。结合扎根理论的方法,本研究选择多个研发团队为分析对象,试图探索研发团队的创造机制,归纳其中一些重要的核心范畴及其可能的逻辑关系,为后续的研究奠定基础。

2. 实证研究:知识网络结构特征对团队创造力的影响

虽然研究 1 探索了知识网络与团队创造力之间的可能关系,但不能清晰表明知识网络如何引致最终的团队创造力结果的问题,其中复杂的作用过程仍然是一个黑箱。因此,研究 2 尝试从团队认知的视角打开这个黑箱,进行理论构建,并在统计分析的基础上分析和检验知识网络、交互记忆系统对研发团队创造力的影响。

虽然知识网络对于研发团队创造力而言是有益的,但是团队知识网络的点度中心性、中介中心势等结构性特征也尤为重要。而且,尽管交互记忆系统对于知识密集型的研发团队而言是非常重要的(Lewis, 2003),但目前关于交互记忆系统和团队创造力的实证研究非常有限,例如,佩尔托科皮(Peltokorpi)和哈苏(Hasu)在 2013 年分析了研发团队中交互记忆系统对团队创新的非线性影响。虽然对以往研究的关注局限在两者之间的直接关系上,但本研究也解释了一些可能促进交互记忆系统作用发挥的机制,检验了交互记忆系统在团队知识网络点度中心性和团队创造力之间关系的中介效应,也探究了团队知识网络中介中心势对交互记忆系统与团队创造力之间关系的调节效应。

3. 实证研究:知识网络情境下授权型领导对成员创造力的影响

研究 1 与研究 2 虽然在一定程度上可以解释知识网络对团队创造力的作用机制,也关注了研发团队领导者在其中的可能影响,但对于理解现实组织情境中的关系仍然不够系统,也缺乏对这些关系的进一步检验。在管理实践中,个体层面和团队层面都存在重要的影响因素,可能共同影响团队的创造绩效。

因此,在研究 3 中,我们试图根据上述两个研究结果,结合团队层面的因素和个体层面的因素建立分析模型，探讨研发团队领导者可行的管理机制，选取我国的研发团队为样本，应用 HLM(hierarchical linear model，多层线性模型)分析方法，检验该理论模型的合理性，以解释授权型领导对团队创造力的影响机制，从而提出相应的管理策略。

1.3.2 技术路线

本书遵循"提出问题—分析问题—解决问题"的思路，其研究技术路线如图 1-1 所示。

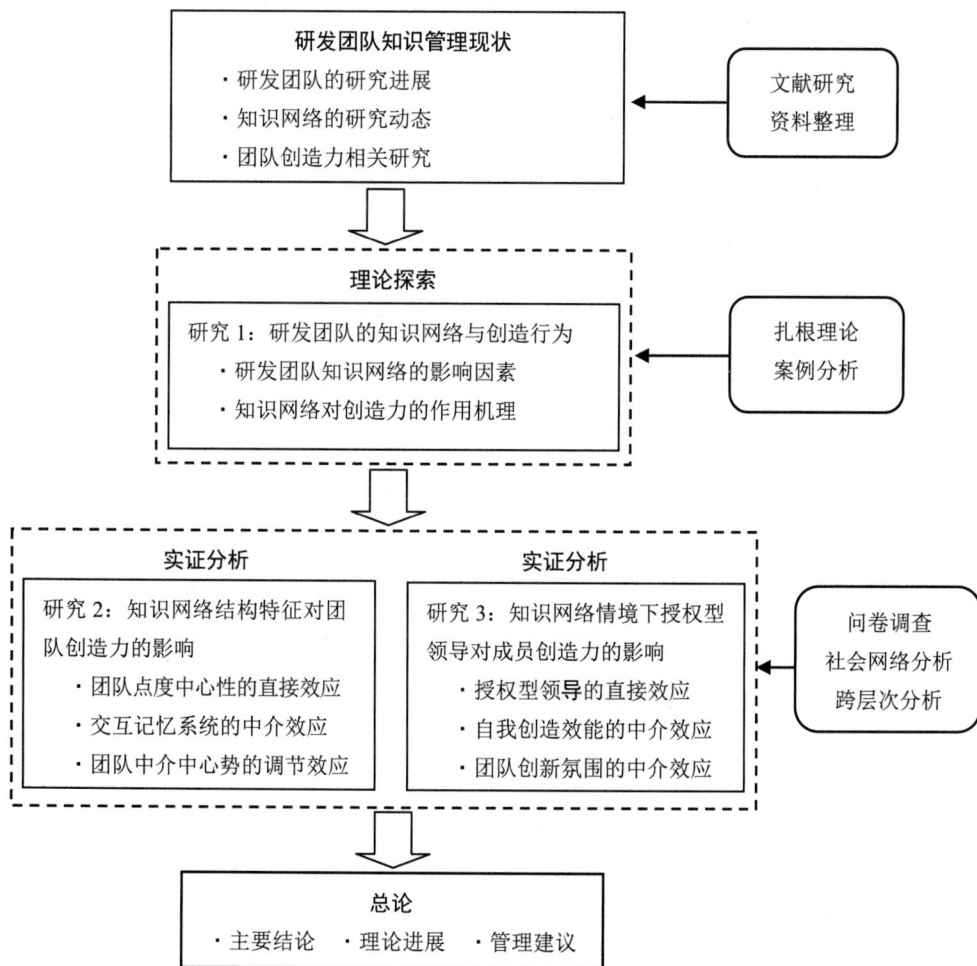

图 1-1 本书的研究技术路线

1.3.3　研究方法

本书涉及以下定性和定量研究方法。

(1)　文献分析。从组织行为学、知识管理、社会学和心理学等领域的重要期刊和专著中收集、整理与分析国内外文献中有关团队管理、创造力与知识网络等的研究与著述，以了解本研究的理论基础并建立研究设计模式。正如施特劳斯(Strauss)于1994年所言，理论能提供解释世界的模式或图解，目的在于阐述某些层面的运作情况。然而，对于质性研究而言，贝克尔(Becker，1970)认为研究者若是无法明晰地为研究构建充分的概念与理论框架，或是过度倚赖理论而强行将问题、方法和资料充填至事先设定的范畴，就容易导致论证的变形与逻辑的弱化。处理这个问题的关键策略是利用科学的方法持续地测试，并以多重证据来源方式验证。因此，本研究以开展多案例的方式，探究可能的相关理论。

(2)　多案例研究。梅里亚姆(Merriam，1988)认为，案例研究是在真实的情境中，探究并描述实际现象的发生与脉络。殷(Yin，2003)则认为案例研究可以使研究者在错综复杂的真实世界中，描述事件的发生与发展的真正状况与过程，且由于研究者不对行为事件加以控制，因此更能完整保留案例的全貌。然而，本研究借由探索研发团队创造力内涵与相关议题，进而建构创造力的过程机制，为了真实反映研发团队的创造过程，并形成知识网络与团队创造的脉络，因此采取案例研究是本研究最理想的设计。此外，由于多案例得到的证据一般都被认为是强大有力的，整个研究也常被认为是较为稳健的，所以研究者若在不同案例间重复相同研究过程，归纳并对照多案例结果与文献的理论架构，建构的研发团队创造机制将更能充分说明研究的逻辑与脉络。

(3)　扎根理论。在研究1中，以理论构建为研究目标，采用程序化扎根编码操作流程。具体而言，采用开放性编码、主轴性编码和选择性编码这三个步骤对案例样本数据进行分析。为尽可能避免受访者过多的主观偏见，同时防止受访者的回答受限，本研究采用分阶段的半结构式访谈来搜集数据，且在数据搜集过程中关于编码的思路皆指向所要探究的问题。通过贯穿于各阶段的编码和归类，归纳、提炼相关概念与范畴，挖掘潜在的理论内涵，以期从实践层面探索研发团队的知识网络与创造机制。

(4) 问卷调查与统计。在本研究的第2、3阶段采用问卷调查方法进行以下研究工作：第一，实证检验研发团队知识网络、交互记忆系统与团队创造力之间的关系；第二，验证在研发团队中授权型领导对团队成员创造力的作用关系模型。利用 SPSS、AMOS、HLM 等软件对所得数据开展相关分析、信效度检验、多元回归分析和跨层次分析等，验证本研究提出的有关主效应、中介机制和调节机制的假设关系，获得最终的理论模型。

(5) 社会网络分析。在研究2分析知识网络的结构特征及其对团队创造力的影响时，采用社会网络分析的方法。网络分析能表征团队知识系统中作为节点的每个成员的不同知识领域。网络中的每个节点代表具备特定知识的研发团队成员，任意两个成员节点(既定成员的知识领域)之间的连接可以表征成员、成对组及子团体之间的各种知识结构，以及知识互动的发生领域。借助社会网络分析软件 UCINET，将团队成员之间的知识互动关系纳入网络进行观察，更易清晰理解和把握知识网络与团队创造行为之间的作用关系。

第 2 章

理 论 综 述

2.1 研发团队相关研究

2.1.1 研发团队的内涵

1. 研发团队的概念

利用团队激发创造力是组织创新的一种重要手段。在竞争激烈、信息超载及科技迅猛发展的时代，技术复杂性日益增加，专业知识快速累积，专业分工也随之变得越来越细，个体成员难以掌握系统或完整的知识，越来越多的企业任务必须依靠成员之间的高度协调以及集众人之才才能完成，团队逐渐成为企业运作中最重要的工作单位。许多重要的、复杂的、非常规的决策问题都超越了个人的知识经验所能应付的范围，为避免决策者个人信息加工的有限性与决策认知偏差，组织往往把重要的决策交由团队来负责(Eisenhardt, 1989, 1999)。因此，团队决策的有效性越来越被重视。

团队是现代组织在面对复杂或非常规决策时常采用的工作单位，团队成员之间关于独有信息或专长知识的交流和讨论是团队决策的重要过程。为了完成工作以实现一个共同的目的或目标，团队一般由两个以上具有不同背景的成员所组成，他们被赋予特定的角色和职务，并表现出不同的职能，在工作过程中积极互动并相互依赖(Salas, 1992)。由不同专长成员所组成的研发团队，通过团队讨论可以汇集不同角度、不同来源的多样化意见，有效提升决策品质(Schweiger, et al., 1989)。讨论与共同决策的过程需要让成员感受到公平，而且参与讨论也可以激励团队成员的工作动力，增加他们对于决策结果的认同感与组织承诺，促进决策结果执行的可行性。此外，团队讨论还可以消除个人信息加工所发生的近因效应(recency effect，即比较重视近期发生的信息内容)。总之，在面对困难或复杂问题时，团队的信息加工能力往往比个体更佳，因为正确的决策需要通过充分的信息交流，而团队讨论可以汇集个体成员的知识与经验，能帮助团队考量到个体所忽略的信息或者发现隐藏的信息，较完整地展示问题的事实信息，有助于提升决策绩效。换言之，团队讨论可以被视为一种信息交换的机制，信息的交换与共享是团队获取正确决策的重要过程(Winquist & Larson, 1998)。团队讨论过程是有效决策的关键，尤其当讨论前的信息分布存在严重偏差时，一个运作良好的团队需要成员充分共享彼此的专长或独特信息，整合所有知识以便做出最佳决策(Stasser & Titus, 1987)。

研发团队是指结合研究、发展、营销、生产等部门的专家所组成的综合性团队，其主要的工作目标是为未来的产品创造想法，而且该产品必须符合顾客需求，并能快速及有效地付诸生产(Iansiti & West, 1997)。无论是自然科学、生命科学、社会科学等方面的基础研究，还是针对医疗保障、能源利用、全球气候等重大社会议题和国防需求问题等的研究活动，或是推动商业应用及促进产品与服务创新的技术开发，都包含着各种各样的研发活动。当前对研发活动较为普遍的一种分类方法是：基础研究、应用研究和技术开发。但是，该分类方法也存在自身的局限性，容易给人们带来过程关联次序的误解，因而遭到不少质疑。目前，几乎还没有形成能够明确划分各类科研活动并对其进行准确量化的分类体系。

2. 研发团队的整合性角色

创造新一代产品及相关衍生产品，对于以高新技术企业或科技型公司来说似乎是最寻常的事情(Tabrizi & Walleigh, 1997)。换句话说，对于这些高科技产业而言，是否能够开发具有创新性和实用性的产品，将是决定公司是否能够从中获利的关键。然而，在全球高科技产业竞争中，越来越短的产品生命周期已成为一种无所不在的冷酷力量(Pisano & Wheelwright, 1995)。对于研发团队而言，不能仅仅专注于产品的研究与开发，还要密切关注加快产品上市时间、快速提升产能等方面的问题。这已成为研发团队相对重要的议题，进而也衍生了有别于传统的新的研发内核。

以往的研发通常是由个别的研发团队探索各种新技术，从中挑选后供发展部门使用；发展部门改良这些技术，再将新产品或新工艺交给生产部门，解决其他量产时可能出现的问题。这种直线式的研发任务传承，往往缺乏综观整个计划的程序，也使得可行技术的潜力及其转化为设计和制造流程时，存在一些落差与限制，因而，在后来改良的新研发方式中，往往采用研发整合团队的形式，结合研究、发展、销售、生产等部门的专家，赋予团队更大的自由来塑造新的观念和选择所需技术，以使研发工作能以更广泛、系统化的视野综观全局。因此，研发团队不但要全权负责创造产品的新观念，更要考量产品是否符合市场需求，产品是否能快速并有效率地生产。研究和发展的观念不再是企业中两个不同部门的责任，而是整个研发团队的工作核心(Iansiti & West, 1997)，如图 2-1 所示。

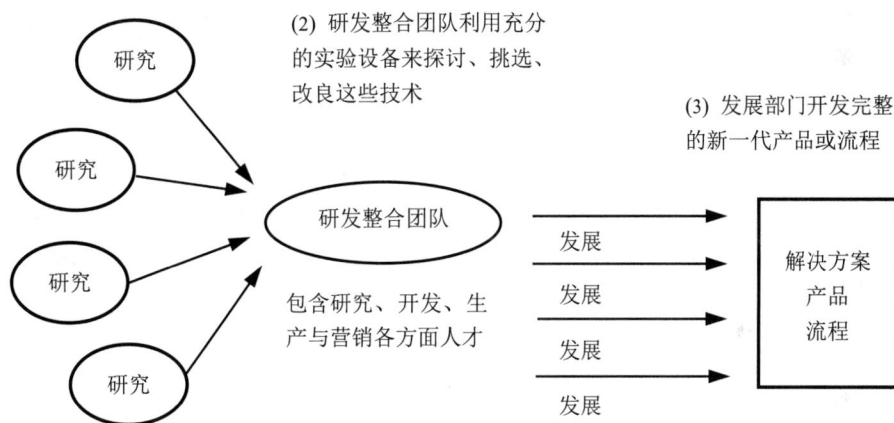

图 2-1　整合性研发模式

塔里布兹(Tabrizi)和沃利(Walleigh)于 1997 年在研究 14 家高科技公司的 28 项新时代产品研发计划时发现，那些能成功激发新产品并生产一系列衍生产品的公司都是运用跨越各部门的产品研发团队，来执行整合性的研发工作。在产品研发初期，也就是产品界定阶段，主要是由研发团队的销售专家负责撰写初步的业务计划，同时参考工程师提供的意见以决定市场需求；在产品的研发阶段，大部分工作是由研发与生产工程师进行产品架构与规格的开发；在产品上市阶段，销售人员的工作则会加重，因为他们需要促销、配送并且提供新产品的相关支援。然而，在产品整个发展过程中，任一部门的专业人员须随时为主作业部门提供所有的协助和资源。在新产品研发过程中，销售专家团队会尝试确定新产品能够影响的市场，并展开衍生产品的研发，以弥补新产品可能的弱点。一旦新产品问世，在销售人员专注于产品研发后的其他工作时，研发与生产工程师则致力于发展新产品的技术规格，增加或提升产品的衍生功能。这种衔接式的工作转换，不但能带来无懈可击的市场渗透策略，也能让研发团队在密切合作的模式中培养团队凝聚力。伊恩斯蒂(Iansiti，1993)将这种整合型团队的工作方式称为"系统聚焦"(system focus)的"技术整合"(technology integration)，并把团队成员所具备的专业技术称为"T型专业"。其中，"T"的横画代表团队成员自身具备的专业造诣，竖线则为与其他领域专家交互作用后对系统产生冲击的专业知识。

3. 研发团队的工作流程

根据先前的研究文献，本书归纳整理了一些学者或企业所提出的研发流程。

马奎斯(Marquis，1969)依照市场拉力、技术推力及综合市场拉力与技术推力这三种观点，分别阐述了新产品开发的程序。以市场拉力观点主导的产品研发程序包含创意的产生与筛选、商业分析、流程设计(量产化)、产品试销、商品化五个阶段。从技术推力观点出发，则包含准备产品基本规格、设计/建造与测试原型、准备生产用蓝图/工具和生产规划、全力量产四个阶段。而综合这两个观点的产品开发流程包括确认潜在需求与技术的可行性、将创意扩充为设计概念、信息收集与问题解决、发明与扩散、应用五个阶段。根据综合市场拉力与技术推力的观点所归纳的产品开发流程，兼顾销售、生产与研发各个方面的整合功能，得到了后期其他学者的广泛认同。

根据库帕(Cooper，1983)的研究，产品研发流程可划分为七个步骤，分别是产品构想、初期评估、概念设计、产品开发、产品测试、工程试产及量产上市。各阶段工作内涵描述如下(见图 2-2)。

(1) 产品构想。即针对市场需求或科技发展等因素的分析结果，提出新产品的构想，经过初步产品评估与过滤后，通过审查的得以进入下一阶段，否则放弃重来。

(2) 初期评估。此阶段所考量的工作重点包括确认市场目标、确认使用者需求、分析竞争者产品、研发及工程能力技术评估、初步制造成本估算、检查专利权问题、进一步评估产品概念等，并选择最佳产品概念，否则放弃重来。

```
        市场需求或科技发展    →    ┌──────────┐    →    放弃
        ○                       │ 产品构想 │         未通过
                                └──────────┘
                                     │ 通过
                                     ↓
                                ┌──────────┐    →    放弃
                                │ 初期评估 │         未通过
                                └──────────┘
                                     │ 通过
                                     ↓
                              →┌──────────┐
                               │ 概念设计 │
                               └──────────┘
                                     │
                                     ↓
                               ┌──────────┐←
                               │ 产品开发 │
                               └──────────┘
                                     │
                                     ↓
                               ┌──────────┐
                               │ 产品测试 │
                               └──────────┘
                A 测试未通过          │          B 测试未通过
                                     ↓
                               ┌──────────┐
                               │ 工程试产 │
                               └──────────┘
                                     │
                                     ↓
                               ┌──────────┐    →    ◎
                               │ 量产上市 │         顾客服务
                               └──────────┘
```

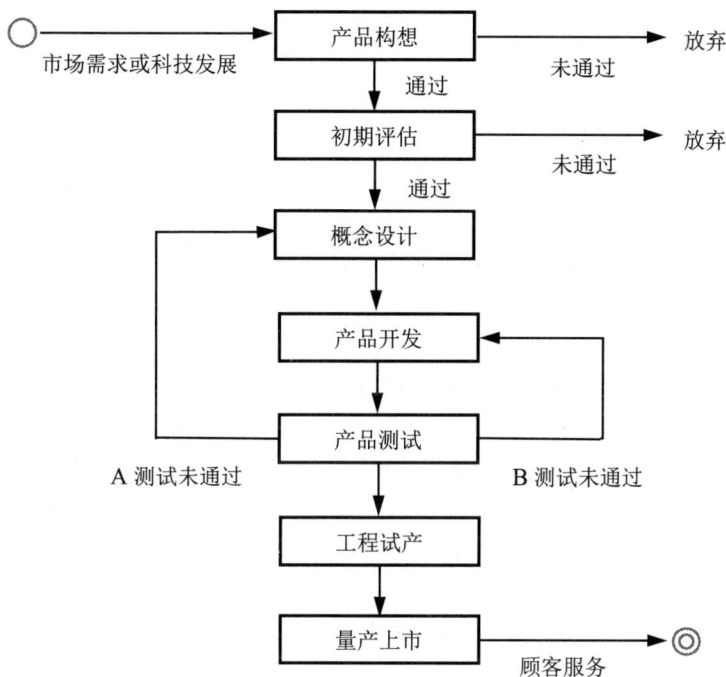

图 2-2　产品开发流程

(3) 概念设计。此阶段需要根据新产品的架构与组装定义产品，工作内容主要包括制订新产品开发计划、定义产品架构、定义主要零件的供应商、进行自制或外购分析、定义组装、财务分析、开展工业设计、设计变更等。

(4) 产品开发。其主要目的是建立产品零件的工程图设计及流程规划，具体的工作内容有制订销售计划、零件工程图设计与规格建立、选择原料及供应商、完成工业设计、建立物料规格、建立生产机械规格、规划流程、采购生产器械和标准件、设计生产器械、建立物料清单、建立产品管理程序、搭建初期实验、定义组装及测试程序以及变更设计等。

(5) 产品测试。针对 A、B 测试，进行产品及流程改进，其中，A 测试的目的是评估雏形是否和原设计功能及使用者需求相符，B 测试则主要包括可靠度、效能及生命周期测试、产品设计变更、生产员工教育训练等。

(6) 工程试产。即针对产品做第一次线上生产的瑕疵改进，修订生产作业流程，包括精细化的装配及组装流程、产品管理程序、生产时间、产能、预期售价、成本评估、设计变更等。

(7) 量产上市。针对市场及销售量进行评估，以作为产品改进及售价调整的参考，主要工作内容有评估市场占有率、销售量、单位生产成本与变更设计等。

克拉克和藤本(Clark & Fujimoto，1991)从信息加工观点来看产品研发过程，并将其归纳为四个阶段。

(1) 概念产生阶段，即将顾客需求转化为产品概念陈述。

(2) 产品规划阶段，即根据产品概念实现绩效、成本、造型等目标。

(3) 产品工程阶段，将产品目标转化为详细工程图。

(4) 流程工程阶段，依据工程图设计工作流程、工具、设备、零件加工过程等。

另外，一些较大型的企业对于研发团队的工作流程也有其自身的定义。例如，惠普公司的新产品研发包括产生构思，筛选构思(由 R&D、生产、财务及营销人员组成的整合团队共同商议决定)，观念发展及测试(包括市场与技术的双重分析)，营销策略(包括营运及财务分析)，产品开发，市场测试及产品商品化等过程。由于惠普公司的研发策略强调需让单一技术产生综合效果，加强衍生产品的发展，同时鼓励创造性人才竞争资源，因此该企业的 R&D 投资一直都能与营收共同增长。虽然不同的产业或企业的新产品内容包罗万象，各具特征，但其研究与开发过程所呈现的逻辑极为相似，一般都会涵盖下列六个程序：策略规划、创意发展与筛选、市场机会分析、技术发展与流程研究、产品测试与修正、产品商业化。

通过分析上述产品研发流程，可以把握企业中整合性的研发团队所扮演的关键角色与工作内涵。不难发现，成功的新产品研发离不开精准的营销及技术情报、良好的团队内部沟通、设计与生产制造的综合效应、顾客需求的迎合，以及设计方案与制造能力的紧密结合。这也进一步说明了研发团队进行系统化整合的必要性与重要性。

2.1.2 研发团队的知识创造

1. 研发团队的知识内涵

尼采认为，知识是人的基本需要，人们需要了解和建构其所处的世界，探索未知事物，以减少生活中的不确定性因素。知识也是一种资源，"相对于其他资源而言，知识是无形的，是难以测度和评价的，随着时间的推移，知识不会减少，反而会不断增加"(Wiig，1997)。

在知识研究领域，波兰尼(Polanyi，1967)将知识划分为两种：显性知识(explicit knowledge)和隐性知识(tacit knowledge)。以文字、档案、数据库等形式存在的显性知识，是指记录于各类媒体或介质上的知识。隐性知识对于创造力而言则更为重要，它存在于人的头脑之中，是一种未经编码的经验性知识，如经验、直觉、技巧、想象与创意等。隐性知识主要通过学习和经验积累形成，具有高度私人化的特征，因而隐性知识的互动与共享是研发团队创造力的关键。布鲁门特里特(Blumentritt，1999)建立了一个新的知识分类框架，并将知识分为两类：一是可以被编撰和整理的易于转移的知识，二是难以被整理和归纳的知识。根据转移的难度，这类知识又被划分为一般知识、社会知识和具体知识三类，其中，具体的专业知识具有私人化的特点，知识转移的难度最高。

企业研发团队的技术知识既有一般知识的共性，也有其特殊性。

(1) 专用性。企业的技术知识通常与特定的时间、地点和产业相匹配，离开特定的情境，技术知识便没有了价值。

(2) 内隐性。技术知识既包括显性知识，也包括隐性知识，但以隐性知识为主。

(3) 生成性。企业的技术知识会随着时间的推移发展出一种动态的知识交流网络，并具有自发的扩展机制和内在的成长逻辑。

(4) 累积性。企业从创立之初到成长发展，产品技术、组织流程和组织文化等知识需要不断地积累，具有知识获取、转移和创造的循环机制。

（5）路径依赖性。企业过去积累的知识会影响未来的技术活动，产生局部创新搜索行为。

（6）更新性。技术知识会不断积累和扩张，产生许多分支，并且具有强烈的自我更新要求。

（7）组织依赖性。技术知识依赖企业运行资本而存在。

（8）转移成本。技术知识通过人、企业或其他载体的转移存在一定的成本，不同的技术知识具有差异性的转移成本，与知识特征、个体特征和环境因素等相关。社会网络对于技术隐性知识的转移和共享起到重要的推动作用。

此外，也有学者探讨了知识的复杂性与区域性特征。其中，复杂性是指完成某一任务或目标所需知识的广度(Cao & Yuan, 2009)，区域性则意味着知识存在边界，例如企业部门、层级、管理等方面的差异(Carlile, 2002)。

2. 研发团队的知识创造模式

野中郁次郎和竹内弘高(Nonaka & Takeuchi，1995)在《知识创造型企业》一文中介绍了知识创造型企业，并率先提出了知识创造(knowledge creation)的概念。他们认为，知识创造型企业能够持续创造新知识并将其散播于整个企业，以开发新技术和新产品，这是一种创造新的显性知识和隐性知识的过程。该理论为后续的知识创造理论奠定了重要的基础。例如，克罗(Krogh, 1998)认为，知识创造就是人们通过不同知识领域的整合与协作，形成新的显性知识和隐性知识的过程。

野中郁次郎(Nonaka，1994)在波兰尼(Polanyi，1967)隐性知识和显性知识的分类基础上，提出了知识创造的 SECI 螺旋(Spiral-SECI)，即通过四种转换模式，使知识创造以螺旋之势发展。在研发团队中，同样存在知识创造螺旋的这四种基本模式。

（1）内部化知识创造，即从显性知识到隐性知识。团队成员的内部化过程主要通过结合知识学习与知识应用来实现。团队成员通过应用所学知识获得新的隐性知识，或者通过研发过程中的实践探索掌握以往未知的知识。组织中的文件资料、培训活动等都有助于完成这个过程，以扩充自身的隐性知识。

(2) 组合化知识创造，即从显性知识到显性知识。在研发团队中，团队成员对团队内外部的显性知识进行组合、编辑和加工，形成新的显性知识。常见的情形是，研发人员将不同的产品功能整合到一起开发新的多功能产品。新知识的创造程度取决于已收集的显性知识，存储量越大或者获取这些显性知识的途径越多就越容易成功。

(3) 外部化知识创造，即从隐性知识到显性知识。研发团队成员往往通过隐喻、类比、建模等思维方式将隐性知识外显化，并与其他成员共享，成为新知识的基础。这些新产生的知识即为外显知识，表现为文字记载或实物产品的形式。该过程是团队成员之间互动和交流的结果，受个体知识交流动机和内部沟通环境的影响。

(4) 社会化知识创造，即从已有的隐性知识创造新的隐性知识的过程。团队成员通过共享各自的隐性知识来创造新的隐性知识，或转化为集体隐性知识。虽然隐性知识难以传递，但通过有效的知识共享机制可以创建新的联结，有助于团队成员掌握更多的知识和技巧。团队知识的社会化过程受到团队成员的知识共享意愿和能力的影响，也是团队知识创造的难点。

费恩(Fern，1982)认为，团队是用以产生知识和假设的一种互动小组。在企业中，研发团队无疑是最重要的。从知识基础观出发，研发活动的本质就是一系列知识创造的过程(Madhavan & Grover, 1998)。胡和瑞切尔拉(Hu & Racherla，2008)将知识创造定义为"具有不同背景、资源、素质和见识的个体和企业之间互动的一个社会过程"。通过研发活动，企业在创意产生、概念发展、推广策略制定等阶段整合分布于各个成员或单元的知识，完成某一特定任务，使组织成员顺利进行知识搜寻、获取、交流与学习(Hargadon & Sutton, 1997)。知识创造涉及知识的共享与整合过程，其成效体现在研发团队是否能产生新颖、有用、适宜的想法和问题解决方案(Marakas, 1999)。因此，作为企业重要的知识库，研发团队的知识管理已成为企业研发团队管理的核心。

2.2 创造力相关研究

2.2.1 创造力的概念与层次

1. 创造力的概念

创造力和创新共同作用，为企业带来竞争优势。然而，两者之间存在明确的区别。创造力主要存在于问题解决、流程改善和新服务的开发等过程中，它指的是新颖、初始想法的形成(Dilileo & Houghton, 2006)，根源于心理学领域的研究传统。而创新是工作场所中这些想法的实施(West, 2002a)，遵从管理学领域的研究传统。创新强调的是团队必须具备的应用能力，即能够将新技术、新工艺等应用于企业实践，而创造力仅仅强调新创意和新理念的形成能力。创新的定义强调该活动必须为个体、团队或组织等提供收益，而创造力则没有收益要求。创新的实施具有几个不同的步骤，分别是启动阶段、执行阶段、适应阶段和稳固阶段。创造力在创新的第一个阶段(启动阶段)中是一个关键要素(West, 2002a)。研究者目前提供的明确证据表明，创造力是想象力中的一个关键要素(Liang & Chia, 2014)。虽然创新与创造力之间的关系非常紧密，高创造力个体往往表现出较高的创新绩效，但这种关系趋势会受到团队和组织层面上众多因素的影响。

尽管研究者在对创造力的定义上达成一致的标准，包括新颖性、价值、适宜性、有用性；但是在哪些方面(如人格、过程或产品)应该被评估这个问题上还存在很大争议(Amabile，1996；Ford & Gioia，1995)。这是一个重要的问题，因为该问题本质上涉及研究的对象是人格、过程抑或产品(汤超颖和高嘉欣，2018)。吉尔福特(Guilford，1950)将创造力定义为创造性的人格，即"创造力指的是一个创造性个体最显著的能力"，以至于20世纪50年代和60年代的大量研究主要都是关注探讨创造性个体的人格特征的。基于过程进路的研究则聚焦于识别那些会导致任何创造事物的过程特征(Mumford, et al.,1991)。最后，基于产品进路的研究则主要从产品属性方面定义创造力："当一个产品或结果对当前任务是新颖、适宜、有用、准确或有价值的时候(该任务是启发性的，而非计算性的)，它就是有创造力的(Amabile, 1996)。"

这三种定义代表了不同的、重要的创造力内容，即便在关注创造性个体和过程的研究中，基于产品的定义也常常被认为是最有用的。个体或过程是否具有创造力仅可通过结果的新颖性、价值性、有用性得到评估。例如，一个人可能符合高创造力的要求或者采用了创造性过程，但是缺少创造性成果，这对于个体和过程的创造力评估而言都会是极其困难的。换言之，创造性个体和过程的显著特征都是创造性产品(Amabile, 1996)。因此，创造力研究的当前趋势是采用基于结果的创造力定义(Ford & Gioia, 1995)。而且，那些提出新颖方案或理念且有想法的员工被认为是有创造力的。因此，本书采用的是基于产品的创造力定义。

2. 创造力的研究层次

创造力的研究层面包括个体创造力、团队创造力与组织创造力。以往不少研究学者已提出了关于创造力的综述，例如，万德潘恩等(Van Der Pannee, et al.,2001)关注了创新成败中的创造力，彼得罗夫斯基(Petrowski，2000)关注了学生创造力，贝蒂和弗曼(Batey & Furnham，2006)对创造力、智力和个性做了整合性回顾。在组织领域，安德里普洛斯(Andriopoulos)在 2001 年发表了一篇综合性的文献回顾，侧重于描述组织水平的创造力。基利恩和托米奇(Klijn & Tomic，2010)则从心理学视角回顾了组织中的创造力，重点分析了个体水平的影响因素。

本书整合以往学者的看法，将三个层次的创造力内涵归纳如下。

1) 个体创造力

吉尔福特(Guilford，1967)认为，创造力是个体用以产生新的观念或产品，或融合现有的观念或产品，将之改变为一种新颖形式的历程。登纳德(Dennard，2000)提出，创造力是一种能力，它是一种人类在大脑中运作的心智才能，唯有专业知识及能力准备充分的人才能表现出来。迪利恩和霍顿(Dilileo & Houghton，2006)将创造力定义为"个体或小群体的新颖、适宜、有用的想法的形成"。在心理学领域，个体水平的创造力研究已经有了较为成熟的发展。

2) 团队创造力

现代组织面临的问题已不能由个人层面进行解决，而需要团队来应对这些问题和创新，特别需要团队合作和团队创造力。许多成功的创新都以团队合作作为产品或服务创新的核心。例如，贝尔实验室的晶体管技术，就是由一组科学家合作开发的。在过去的 20 年里，人们大量关注了社会过程和协作创造力(Paulus & Nijstad, 2003)。

团队创造力有别于个体创造力。泰勒(Tayler，1975)认为，团队创造力会受到参与成员、地点、时间、专业知识、团队目标与策略等因素的影响，因而在探讨团队创造力时，必须关注人员、问题、过程、产品与氛围等因素。安德森和韦斯特(Anderson & West，1998)认为，在组织的创新过程中，团队扮演着一个非常关键的角色，团队创新即以团队运作的方式产生新构想，并由成员相互讨论与持续修正原订计划，再将新构想导入并利用。伍德曼等(Woodman, et al.,1993)认为，团队创造力"虽然是团队中个体创造力的函数，但团队创造力绝不仅仅是所有团队成员创造力的总和"，它还会受到团队组成(如成员异质程度)，团队特性(如凝聚力、团队大小)，团队发展(如问题解决的策略、社会资讯流程)等因素的制约，以及延伸至组织的连带影响。其后，保罗斯和杨(Paulus & Yang，2000)将团队创造力界定为团队的发散思维过程，反映在创意形成的流畅性方面，并且受到一系列联想过程和社会过程的影响。此外，也有一些学者基于不同视角提出团队创造力的定义。茜恩和周(Shin & Zhou，2007)，樊景立等(Jiing-Lih, et al.,2010)，宋和崔(Sung & Choi，2012)等指出，团队创造力是团队成员共同产生有关产品、服务、过程和程序的新颖、适宜且有用的想法的过程。这些观点都是通过结合团队和创造力的概念要素衍生而来的。

本书对以往不同学者所提出的团队创造力的定义、特点及局限做了总结和比较，如表 2-1 所示。

表 2-1 团队创造力定义的比较

研 究 者	定 义	特 点	局 限
Shin & Zhou (2007)	由一组员工共同工作，产生关于产品、服务、过程和程序的新颖、有用的想法	关注于团队产生新颖、有用的想法，并提到团队合作	未提及知识、异质性等

研 究 者	定 义	特 点	局 限
Jiing-Lih, Farh, et al. (2010)	由团队创造的有关服务、流程、产品和工艺等的新颖、有用的想法	集中于团队提出的新颖和有用的想法	未提及团队合作
Paulus, Dzindolet, Kohn (2012)	通过合作方式交流信息和观点，生成新颖、有用的产品或想法	提到交流知识和协作方法	
Sawyer, et al. (2012); Taggar (2002); Hargadon (1999); Amabile (1996)	团队成员的不同技能、知识和观念相互协调，以产生一个既原创又实用，且符合既定目的的产品或绩效的集体过程	定义很完整，提到团队合作、知识、多样性、新颖和有用的产品或绩效	
Amabile (1983)	一个团队对问题解决任务的反应的新颖和有用的程度	问题解决任务	未关注团队知识交流和团队协作
Reiter-Palmon, Herman, Yammarino Sawyer (2015) & Dezutter (2009); Gilson, et al. (2013); Amabile (1988); Ford (1996)	团队创造力包括开发新颖、有用的想法的过程(参与创造过程)，以及有利于创新的、适宜的新成果。作为一种结果，团队创造力关系到团队产品或团队创造力评价	团队创造力的定义既涉及过程，又涉及结果。在过程中包括合作(参与创造过程)，以开发新颖和有用的想法。在结果方面，它侧重于团队产品，这对于创新是有利的	
Perry-Smith & Shalley (2003); Pinar et al. (2018)	团队创造力是在人与人之间的社会过程及各种不同的行为活动中所产生的新事物或新想法	涌现于即兴过程，强调成员合作和社会化过程	

结合以往研究，本书侧重于采用索亚等(Sawyer, et al.,2012)、塔格(Taggar，2002)等学者的观点，将团队创造力定义为一个集体过程，即"将团队成员的不同技能、知识和想法协调起来，以产生一个既原创又有用，且符合既定目的的产品或绩效"。在此过程中，尤其强调团队成员之间的知识协作过程。

3) 组织创造力

伍德曼等(Woodman, et al.,1993)将组织水平的创造力定义为"在复杂的社会系统中通过个体间合作产生有价值的、有用的新产品、服务、想法、程序或流程"。罗宾森和斯特恩(Robinson & Stern，1997)则认为，组织创造力是"员工在未被直接指示与传授下，能以新的方式完成工作并为组织带来潜在利益"。阿马比尔(Amabile，1998)指出，对企业而言，创造力不仅要具备原创性，还必须能影响组织的运作方式。无论是对产品的改良，还是在流程上的创新，能将想法落实于工作的才是创造力。巴拉德瓦吉和梅农(Bharadwaj & Menon，2000)认为，组织创造力是一种运作机制，用以营造和鼓励创新的氛围，增强组织中各功能团队的互动，并提供充足的资源以发展未来能影响组织收益的产品和服务。组织创造力理论表明，当工作环境有利于想法产生、知识共享和创造性问题解决时，该环境中的个体更可能产生创造性的想法，这些创造性想法涉及独特概念或已有概念的新应用(Woodman, et al.,1993)。

研究表明，个体或团队的创造力对组织创新而言非常重要(Amabile，1988; Woodman, et al., 1993)，对组织的长期生存与发展而言也是十分必要的(Dilileo & Houghton, 2006)。组织应该关注工作场所中的创造力(Amabile，1988; Woodman, et al., 1993)，因此管理者不仅需要给企业带来差异化和创新，还需要创造一个鼓励员工之间创意交流的环境(Ford, 1996)。

3. 研发团队创造力

1999 年，比尔·盖茨在《未来时速：数字神经系统和商务新思维》(*Business & the Speed of Thought: Using a Digital Nervous System*)一书中强调，速度是现代企业最重要的竞争力。如果研发创新的速度比别人快，不但可以满足顾客需求，在市场建立优势，而且更容易拥有品质与成本优势。在知识社会中，企业需要研发创新来创造附加价值。为了推动这项工作，应从策略创新、技术创新、组织创新和流程创新四个方面来进行，同时必须由具有弹性、机动性、参与感高和沟通良好的创新团队来运作，这样才能在高科技产业不确定和急剧变化的环境中，带来成功的创新成果。研发工作的最高层次期望是能借助创新与创造过程，产生超前的想法、事物和做法。除了"技术研发"之外，最重要的创新是由内而外的"概念开发"，这才是真正能创造长期价值的所在。

开创成功商品的先决条件，在于是否具备源源不绝的构思能力，而这种构思的技巧则建立在分析能力、记忆力、联想力、观察力与想象力等基础之上。其中，分析能力与记忆力可通过专业体现，观察力和想象力则涉及创新思考的心智学习。这两者之间若能通过联想力得到进一步的联结引导，那么就能大步迈向独创商品的开发之路。

以日本奥林巴斯株式会社(Olympus Corporation)为例，该企业一直以"创造性的革新"为理念，主张组织应该通过开发研发、技术人员的能力来发展企业独特的核心优势，进而取得国内外专利。在研发人员的专业能力中，最重要的是创造力与整合能力，只有加强专业人员想法的宽度与深度，正确掌握核心技术的整合方式，才能使研发工作为组织带来最大的收益。该公司明确了研发能力的内涵，分别是：①独创力，即在尊重并符合公司愿景的前提下，创新发明新产品、流程与技术的能力；②领导能力，即与其他领域专家共事，共同为企业努力的驱动力；③顾客服务，即了解并能满足顾客需求的能力；④行动力，即勇于尝试、接受挑战的态度；⑤专业能力，即专业的知识、技术与态度；⑥自信，即肯定自己的表现，相信自己的潜能无限；⑦速度，即分秒必争。

研发团队的工作层面涵盖了技术、知识和概念，其工作内涵不但极为复杂多元，而且也包含了许多的不确定性。一个运作良好的研发机制，为公司所带来的成果与附加效益往往是难以估计的高价值回馈。因此，激发和提升研发团队的创造力也成为企业相对重要的任务。

2.2.2 创造力的形成与运作方式

1. 创造力的形成

创造力是一种心理活动的历程，也是人类从事心智思考的一种能力。因其产生的过程不容易被辨识与察觉，故学者们常常通过创造性行为的表现，即问题解决的流程来探索人类潜藏于内心的创造性思索历程。

杜威(Dewey，1910)是最早将创造视为人类心理过程的学者，他认为当人们遇到急需解决的问题时，通常会经由五个步骤循序渐进地展现其创造能力。这五个步骤分别是：发现困难所在、界定困难所在、提出可能的解决方案、考虑结果、接受解决方案。

弗农(Vernon，1970)提出创造力思考的四阶段运作流程，具体包括：①准备期(preparation)，即结合旧经验与新知识收集相关资料；②酝酿期(incubation)，即对于百思不得其解的问题暂时搁置，但潜意识仍在思索问题解决的方案；③豁朗期(illumination)，即突然顿悟并了解问题解决的关键所在；④验证期(verification)，即验证领会的观念，以澄清可行与否。

奈尔森(Nelson，1994)认为，组织中富有创造思维能力的员工，在把头脑中的构想或概念转化为实际的行动时，必须经历五个步骤：①吸收(absorption)。具有创造力的人经常会花费许多时间与精力观察外在环境，并对许多不同的事物感觉好奇。当他们面对新鲜或不熟悉的事物时，常通过不断的提问以了解真相。因此，具备创造力的人通常会进行多方面的自我学习，并试图吸收各种不同的知识。②灵感(inspiration)。人的头脑在吸收阶段获得资料后，便开始剧烈地运转，并将这些片段信息、零散的观念、稀奇的事件、感觉、印象及暗示进行分析整合，以形成能够解决问题的灵感。③测试(testing)。在新构想或新方式孕育成形之际，必须加以发展与测试，进而肯定其价值。高效的创新者对于试炼自己的新见解通常都具备高度意愿。④完善(refinement)。虽然经过合理的测试已证明新构想的可行性，但仍需通过进一步的修饰与改进，才能使构想落到实处。⑤推广(selling)。所有新颖的观念都需要得到普通人的理解与认知，为了使别人接受新想法，推广显得更加重要。

莱昂纳德和斯威皮(Leonard & Swap，1999)认为，创造力的形成过程并非是一种线性模式。也就是说，在创造的任何一个步骤，都可能出现部分或全部步骤形成的小循环。图 2-3 显示了他们提出的团队创造力的形成过程。

| (1)准备 | (2)创新的机会 | (3)发散性思考:创造选择 | (4)孵化 | (5)整合性思考:选择 |

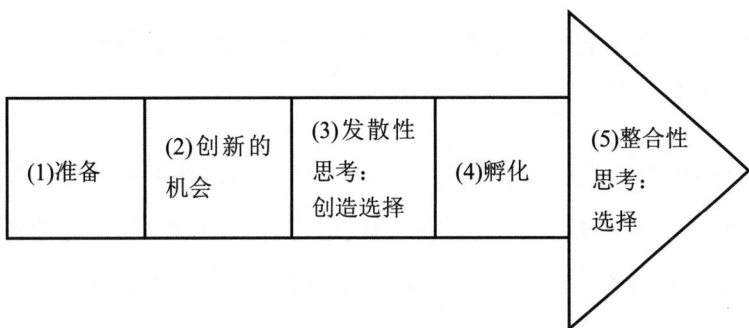

图 2-3　团队创造力的形成过程

(1) 准备:选择团队成员,将创造力扩大到极致。创造力只有在准备良好且肥沃的心智土壤上,才能开花结果。因此唯有先对相关知识进行深入的了解,积累充分的经验,才有足够的能量释放创造力潜能。团队之所以比个人更具优势,也是因为可运用的专业知识更丰富。前提必须包括:团队成员具备有用的知识,且全部有用的知识都能够派上用场,使知识在团队中能够完全地被分享、处理和整合。

(2) 创新的机会:指出需要创造力的问题。以创新为目的的组织或团队,如惠普实验室,其设置的目的就是不断地创造,成员必须挑战那些例行性的、显而易见的、已知的事情。触发创意的开端,可能是各种稀奇古怪的想法;但更多时候,创造力源自于问题的解决或伴随着某一项创新的出现。

(3) 发散性思考:鼓励发散性思考,点燃团队创造力火花。将所有具有创造力的解决方法都列出来以供选择,可以选择的项目越多,最终获得更具创造力方法的机会就越大。头脑风暴法(brain-storming)是最广为运用的技巧。如果团队创造力的激发就像是四处飞溅的火花,此时管理者必须提供点燃火花的打火石,并指导团队成员如何使用打火石,以及积累所迸发的火花。这也间接说明了运用创意管理策略的重要性。

(4) 孵化:花时间考虑各种可能的选择。团队需要时间思考他们发现的机会或面临的危机,想出更多行动方案,并在头脑中测试想法的可行性。因此,适时地停顿、跳离、暂停脑力激荡,终止讨论,让创造力有反思的空间与时间得以孵化，往往能产生灵光乍现的绝佳效果。团队沉思时所发生的发酵效果，是创造力过程中相对重要的一环。

(5) 整合性思考：鼓励聚合性思考，以多种选择归到单个创新。在创造选择阶段，怪异另类的想法或许对激发团队的创造力极具功效；但一定要在达成共识的整合阶段，必须凝聚看法，做出最佳决策。影响整合结果的因素通常有组织文化、任务目标、事情的优先顺序及高层的观念。此外，若通过气氛营造与管理策略等技巧的催化，能使团队所做的整合性选择更富创造力。

团队创造力产生的过程并非终止于整合阶段，其最终决定方案仍需经进一步的评估，并付诸实施，才能确认方案的最适性。团队每经历一次研发活动，都能够刺激新的创造机会。为了获得潜在的创造力，研发过程中的行为修正、态度转变、规范订正及其他需求的产生，都是经常发生且容许发生的状况。

2. 创造力的运作方式

1) 个体创造力

坎贝尔(Campbell，1960)驳斥了"创造力是天赋优异的心智表现过程"的传统观点，认为创造力经过持续的试炼与试错才能产生。当人们面对难解的问题时，必须坚持而且努力地工作，应用自身的专业知识与技能(或许发生争吵过程)，收集多元的解决方案，并从中选择最合适的结果。阿马比尔(Amabile，1988)认为在创造力的运作过程中，个人的内在动机、专业知识、创造思考能力是决定成功与否的重要元素(见图2-4)。

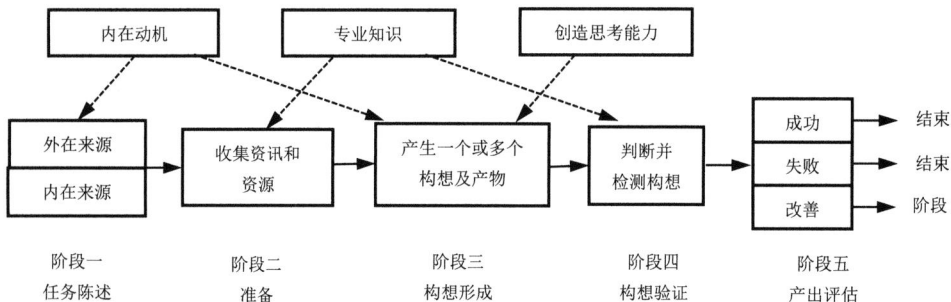

图2-4 个体创造力运作方式

当有待解决的问题主要通过外在刺激来源或内在刺激来源呈现时，人类因为有解决问题的内在渴望，便会运用自身对该问题的专业知识，收集所有可能的相关资源，包括各式技法、捷径、规则等以寻找可能的解决方案；到了阶段三，人们会运用以前阶段积累的经验及概念，再加入心智思考的结果，在心中孕育和描绘出问题的多种解决方案，并经由阶段四的验证来确保提出构想的适用性和精确度，进而选择一个最终的方案，此时专业知识是判断的重要依据。最后一个阶段用于评估选择的方案是否能顺利解决问题，如果完全实现任务目标或是对目标完全无贡献，那么选择结束；如果最终结果介于两者之间，则回到阶段一，尝试寻找更好的方式改善产出结果。

2) 团队创造力

泽莱兹尼克(Zaleznick，1988)认为，创造性的工作是打破既定的思考成规，而创新是以习惯、传统与文化为基础获得新的执行方式，其步骤是渐进而非突破性的。倘若空有创造力而无创新行动，将导致漫无目的、缺乏目标和准则；反之，空有创新行动而无创造力，则将造成无效的结果。想法与执行当行不悖，体现了创造力和创新行为相辅相成的关系。

对于企业或组织而言，创造与创新的发展不仅能带来整体效益的提升，同时更能通过不断重复的试炼加强创造与创新(Bonneau & Amegan，1999)。图 2-5 即为组织或企业中团队创造力形成的要素与运作流程，共分为三个构面，分别是团队创造力的来源、创造力的核心与创造力的结果。

第一个构面描述了团队创造力与创新能力的来源，主要是由外部环境与组织内部交互作用所形成的组织文化，以及适当的诱因和个人因素相结合而产生的个人贡献，两者建构出以团队发展为基础的创造力核心。通过团队合作关系和知识共享的原则，能进一步产生创新成效。

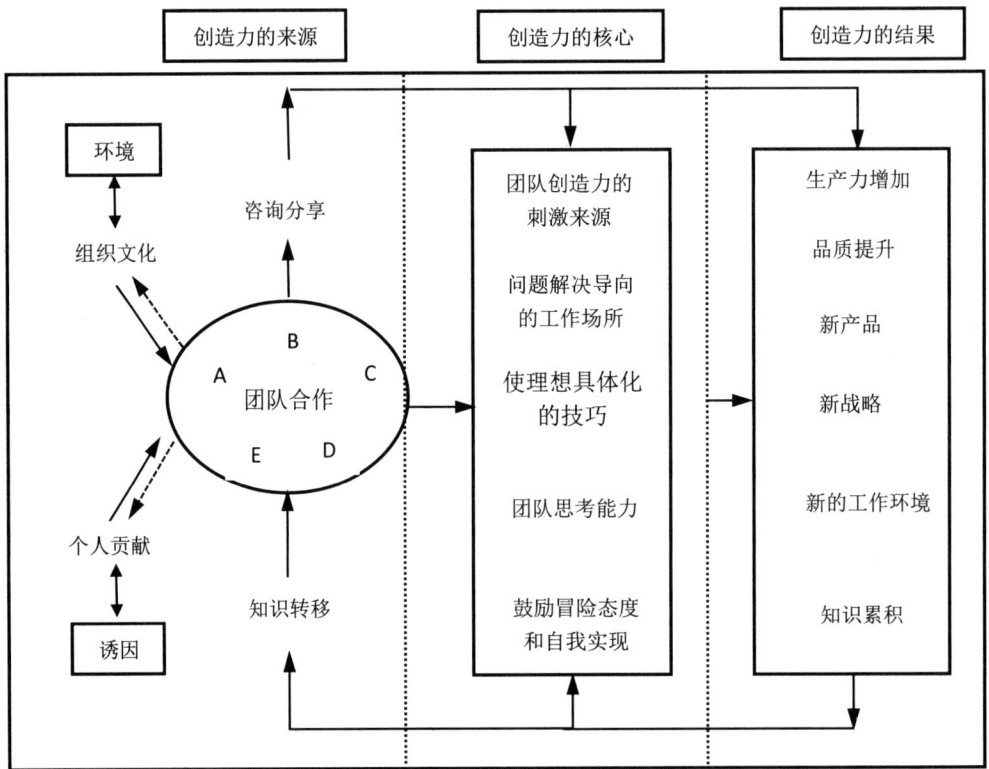

图 2-5 团队创造力的形成要素与运作流程

第二个构面明确指出团队创造力的核心分别包括团队成员的创意、问题解决导向的环境、团队激发创意的技巧和活动，以及创新冒险的态度与精神。这些元素都是激发团队创造力发酵的因素。

第三个构面描述了运用团队创造力可能带来的结果，除了生产力增加、品质提升、新产品、新的工作环境之外，还可将影响范围升华到组织战略层次，通过新战略、新知识的学习促进知识转移的效应和团队创造力的运作与发展。经过这一团队创造循环机制，企业或组织的整体竞争力将更加完备。

针对个体或团队创造力的形成与运作过程，不少研究者提出了一些提升创造力的策略。西蒙(Simon，1988)针对创造力的提升与促进，提出十六条具体的建议，例如尝试以不同的方式处理、再三试炼等。莱昂纳德和斯威皮(Leonard & Swap，2000)则结合心理学的基本研究和管理的实务经验，提出创造力可通过管理者的激励而得到提升，并主张能够改变世界的发明大多数来自成员能力互补的团队。阿马比尔(Amabile，1998)通过对二十年来企业和由数以百计的员工组成的团队的创造力的深入研究，基于组织效益的考量，认为管理者应运用管理策略来影响创造力的三要素(专业、创意思考技巧与动机)，并将详细的管理实践划分为挑战、自由度、资源、团队特性、上级鼓励与组织支持六大类。

(1) 挑战。在管理者用以激发创造力的手段中，最有效也最常被忽略的就是让员工"适得其所"，将具有适度挑战性的任务指派给合适的人，使员工能够发挥专业、创造性思考技能，并自动、自发地工作。

(2) 自由度。强调管理者除制定策略目标外，还应赋予员工自行安排工作流程和选择执行方式的自由。这种自主权能激发员工解决问题的敏感度和内在动机，对于创造力的孕育尤其有利。

(3) 资源。时间和金钱是影响创造力最重要的两项资源。管理者对这两者的分配须极为谨慎。若能适度地给予员工弹性和空间，将可获得极大效益。实际工作环境也常被讨论，但其重要性绝不及管理者运用的工作安排、赋权或资源整合等管理策略。

(4) 团队特性。结合众人的观点往往能激发更多的创意，团队必须能涵盖具有不同背景的、能够从不同角度思考问题的成员。此外，成员间要能够互相支持，每位成员要热衷于团队目标，并尊重他人独特观点和对问题的不同见解。

(5) 上级鼓励。无论员工的创意是否成功、是否能为组织赢得商机，管理者对员工的努力与付出都应保持开放的胸襟和态度，并给予鼓励和赞赏。同时，管理者也应该和员工共同面对问题，加强与团队成员的合作与沟通，表现出对创造力的支持。

(6) 组织支持。来自领导的鼓励固然有助于创造力的成长，若加上组织的支持，创意提升将不同凡响。其中，加强信息沟通，营造和谐开放的工作气氛，鼓励合作等策略，都能够提高组织成员的工作热忱并刺激其内在动机。

2.2.3 创造力的前因与测量

1. 创造力的前因

在组织情境中，以往研究者已探讨过创造力的诸多影响因素，这些因素在提升组织创造力过程中起着不同程度的催化作用。总结以往研究，可以从个体、团队和组织三个水平上识别组织创造力的影响因素。以下从每个水平上概括了个体、团队、组织创造力的可能前因及其他相关因素。

1) 个体创造力的前因

伍德曼等(Woodman，et al，1993)在其研究中识别了个体创造力的四个前因，分别是人格、认知风格、内在动机和领域知识。创造性人格意味着充满持续的好奇心，对复杂的、抽象的事物具有吸引力，并且具有非传统的思维能力。他们的研究表明，个体的人格对个体创造力有显著影响。然而，对于组织而言，它很难建立一个模型，难以在某一个体的人格中纳入创造力，因为这是一种特征评价(trait-based)方法。在阿圭勒阿朗索(Aguilar-Alonso，1996)的实证研究中，他试图关联创造力的几个要素，例如大五人格特征中个性维度的原创性和流畅性，发现外向性和神经质对个体的创造力有着积极影响。其他研究也表明了人格变量对创意产生的影响，例如轻度狂躁症(hypomania)、积极的分裂型人格(提出非常规或不同寻常的想法或主意的个体特质)等都会影响个体的认知行为和创造力。

认知风格和能力也对个体创造力的形成起着重要作用。人们已发现，思维流畅性能力、发散性思维、情感认知会影响创造性想法的形成。霍华琼斯和默里(Howard-Jones & Murray，2003)曾开展一系列实验，研究个体想法的形成过程。结果表明，具有更高的思维流畅性和想象力的个体，在足够长的时间内能够产生创意，并提出更多的解决方案。那些很快提出想法的人，会进一步钻研问题，并通过改变问题视角来提供建议。研究者因而总结出，流畅性是创意形成的一个首要条件，而且通过对创造性思考提出正确的指导，使这种流畅性得到提高。

2005 年，阿马比尔(Amabile)等人开展了一项实验，研究积极情感和创造行为之间的关系。结果表明，两者之间存在着正向的显性关系。另一个影响员工创造力的显著的认知因素是自我创造效能的特质(Farmer, et al., 2003; Chiravuri & Ambrose, 2007; Benham, 2008)，即个体提出新颖性想法的信念。从组织角度出发，这些因素都应该视为员工创造力的重要前因。

特定领域知识被视为创造力的主要评价标准。赖策尔等(Rietzschel, et al.,2007)针对阿姆斯特丹大学的 93 位心理系学生研究了两者之间的关系。他们令一个团队接收某一头脑风暴主题相关的先验信息，但其他团队则不提供任何信息。结果发现，接收到先验信息的团队会产生更高质量的想法。此外，内在动机也是员工创造力的一个重要前因(Amabile, 1998; Eisenberger & Shanock, 2003)，两者之间的关系可能受到个体风险承担意愿的中介作用(Dewett, 2007)。

近来，汤超颖和高嘉欣(2018)基于大量国内外的文献梳理，将员工创造力的影响因素提炼为三类：创造性个体因素、创造性情境因素和两者的交互作用。在文献分析的基础上，她们进一步指出员工创造力的影响因素主要通过四条关键路径发挥作用：特定领域的知识积累、创造性个体特质、动机、情绪(见图 2-6)。需要注意的是，模型中阐述的四条关键路径并不是独立发挥作用的，它们对创造力的影响是一个复杂的综合过程。

2) 团队创造力的前因

组织由大量团队构成，团队成员相互合作以完成一个共同目标。因此，在组织情境中，团队创造力是一个重要方面。在团队水平上，保罗斯和迪辛多莱(Paulus & Dzindolet，2008)认为大量因素会对团队创造力产生影响(见图 2-7)，主要包括团队凝聚力、团队构成、团队氛围、外部需求、激励过程和社会过程等。

在团队成员变量方面，如前所述，像人格、能力等个体层面因素的差异都会影响团队水平的创意形成，当团队成员具备创造力相关因素时，团队创造力会得到提高(Garfield, et al., 2001)。

创造性个体
• 知识存储
• 知识基础特征（Perry-smith, 2014）
• 知识流动
• 知识搜寻（Dahlander, O'Mahony, Gann, 2016）
• 知识吸收（Wal, Criscuolo, Salter, 2017）
• 知识分享（Radaelli, Lettieri, Mura, Spiller, 2014）
• 知识隐匿（Černe, Hernaus, Dysvik, Škerlavaj, 2017）

创造性情境
• 人际情境
• 团队构成（Shin, Kim, Lee, Bian, 2012）
• 非工作方面的支持（Madjar & Ortiz-Walters, 2008）
• 社会网络（Wang, Rodan, Fruir, Xu, 2014）

特定领域的知识积累

创造性个体
• 认知风格（Lomberg, Kollmann, Stöckmann, 2017）
• 人格特征（Guo, Su, Zhang, 2017）

创造性情境
• 任务情境
• 任务目标（Madjar & Shalley, 2008）
• 任务设计（Ohly, Sonnentag, Pluntke, 2006）
• 人际情境
• 团队构成（Shin, Kim, Lee, Bian, 2012）
• 社会网络（Perry-smith, 2006）

创造性个体特质

创造性个体
• 创造力自我效能感 (Huang, Krasikova, Liu, 2016)
• 目标取向（Khedhaouria, Montani, Thurik, 2017）

创造性情境
• 任务情境
• 任务目标（Shalley, 1991）
• 任务设计（Ohly & Fritz, 2010）
• 工作压力（Khedhaouria, Montani, Thurik, 2017）
• 人际情境
• 团队领导（Chen, Li, Leung, 2016）
• 团队互动（Shalley & Oldham, 1997）
• 非工作方面的支持（Madjar & Ortiz-Walters, 2008）
• 文化情境
• 组织文化（杨晶照，杨东涛，孙倩景，2012）

动机
• 内在动机
• 外在动机
• 亲社会动机

创造性情境
• 任务情境
• 工作压力（张永军，于瑞丽，魏炜，2016）
• 人际情境
• 团队领导（刘文兴，廖建桥，张鹏成，2012）
• 非工作方面的支持（Tang, Huang, Wang, 2017）
• 团队氛围（Madjar, 2002）

情绪
• 积极情绪
• 消极情绪

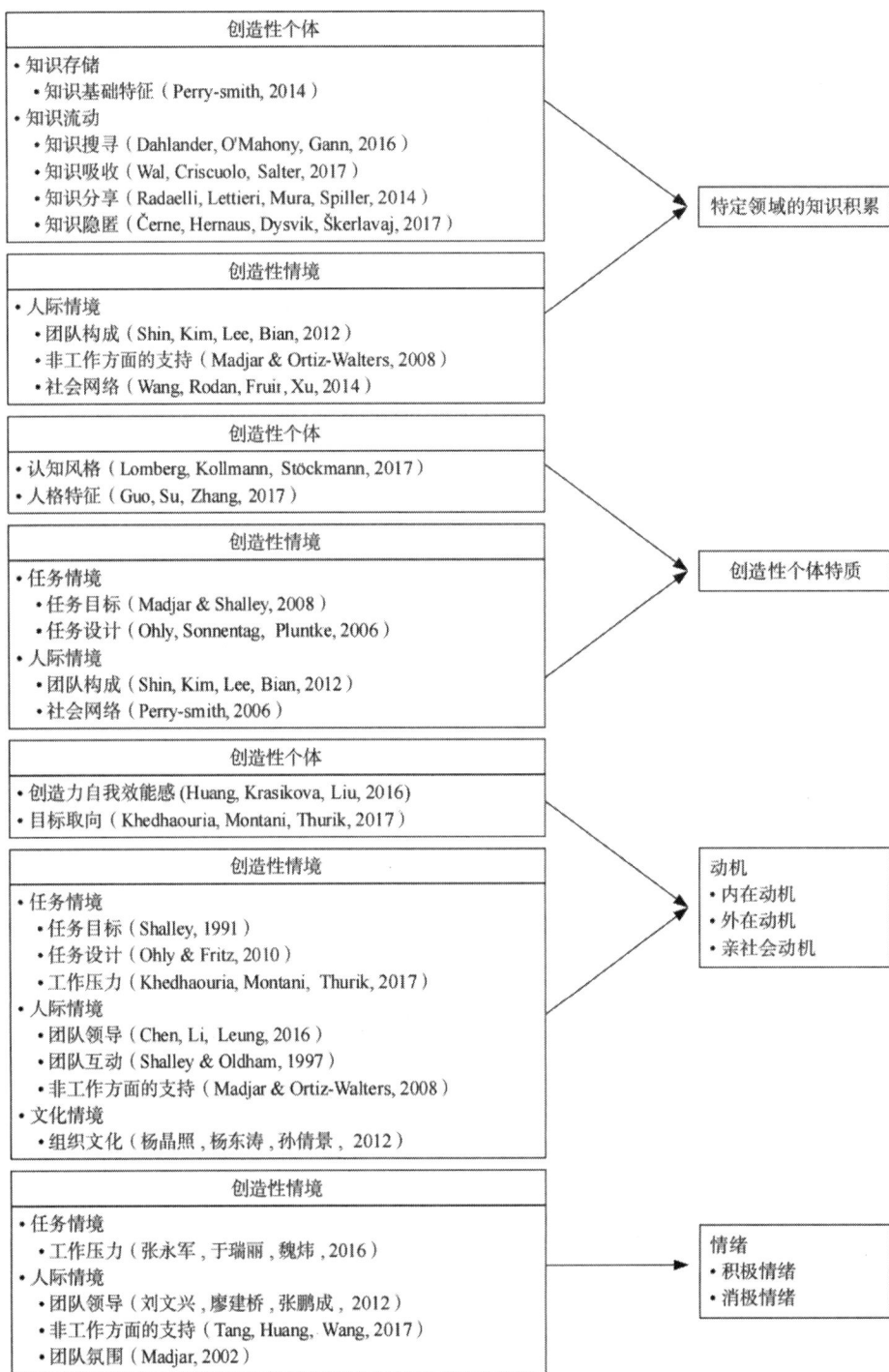

图 2-6　员工创造力的影响因素和影响路径

资料来源：汤超颖和高嘉欣，2018

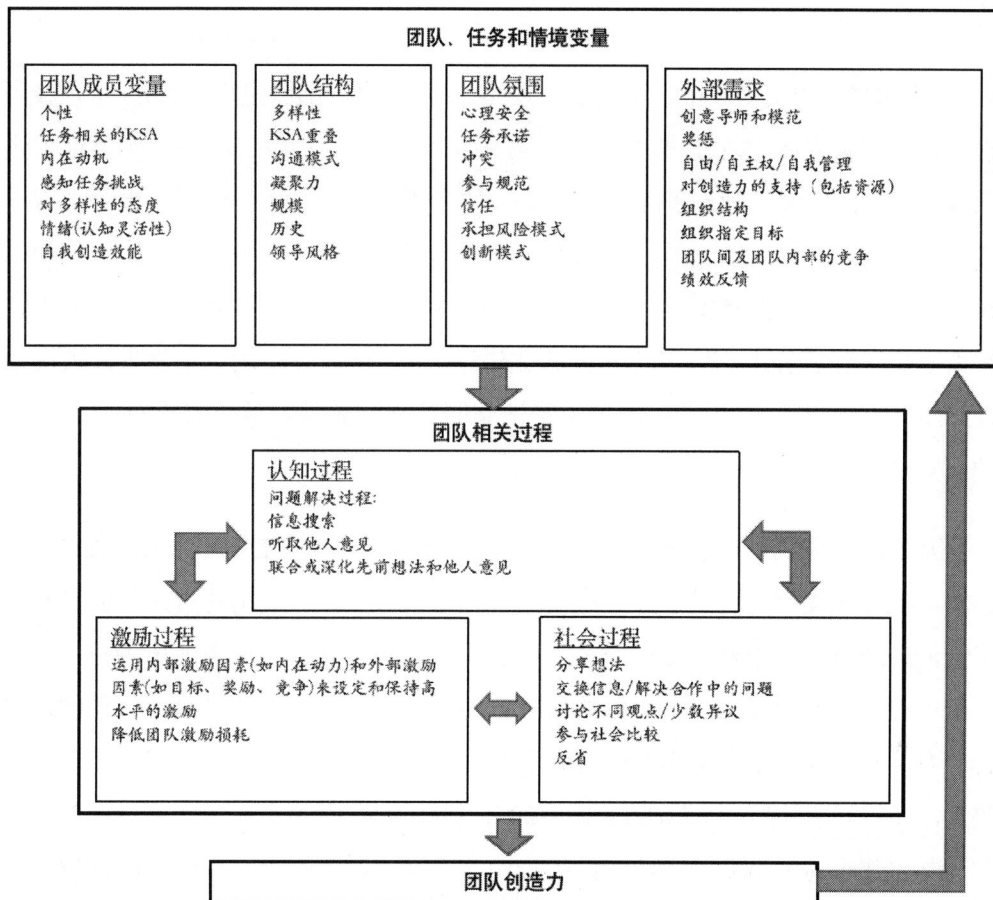

图 2-7　团队创造力模型

资料来源：根据 Paulus & Dzindolet(2008)整理

在团队结构和团队氛围方面，从团队动力学的视角出发，很多研究表明了团队异质性对团队创造力的积极影响，因为异质性(尤其是知识异质性)会带来更多的专长类型、更广泛的知识视野，这些都是必要的创造土壤。良好关系下的团队成员之间的知识交流与思维碰撞对于研发团队创造力的提高至关重要。例如，戴万亮等(2019)研究表明，二元学习在团队内部社会资本与研发团队创造力的关系中起中介作用，而且知识异质性正向调节该中介作用。然而，维尔德穆特(Wiltermuth，2009)的研究却表明，如果鼓励团队成员优势互补，那么团队中的创意产生会减少。卡普兰等(Kaplan, et al.,2009)和博林格等(Bolinger, et al.,2009)也支持这一点。

有趣的是，内梅斯等(Nemeth, et al.,2004)将冲突视为团队创造力的一个积极因素，认为团队成员之间健康的观点差异性会带来更好的创意。尽管很多能够促进团队创造力的因素是管理者无法控制的，如个体人格和文化价值观，但是也有一些因素是管理者可以控制的，能确保团队创造绩效中的一些标准化水平。例如，在控制团队的创造性氛围时，团队领导者应该控制这些因素：团队成员之间不该有太多的支配复杂性；团队成员在观点方面应该一致而非不同；识别谁起着凝聚性/黏合剂的作用；团队成员不应主张性别断裂带；确保团队成员之间存在健康的观点冲突。

因此，领导风格在引导下属的创造潜力方面也起着关键作用(Deci & Ryan,1987)。比如，支持员工的领导一般会提高创造成就，控制或制约员工的领导则会降低创造绩效。当领导是支持型时，他们对员工的感受、需求表现出关心，鼓励他们说出自己的问题，提供积极的信息反馈，促进员工的技能发展。领导的这些行为有利于提高员工在工作中的自我决定和个人主动性，进而增加工作活动中的兴趣，提高创造结果。摩尔(Moore，2000)研究了团队凝聚力和团队领导对小团队和独立工作个体创造力的影响，结果表明，较强团队凝聚力和有能力的领导者对于团队的高创造力是必要的。具有较强内在凝聚力的团队，领导风格和成员异质性会刺激团队成员产生更高的创造力。古姆斯卢奥卢和伊尔塞夫(Gumusluoglu & Ilsev，2009)提出了一个模型，探讨变革型领导对员工创造力以及组织创新绩效的影响。员工的内在动机、心理授权和对创新支持的感知在这些关系中起中介作用。变革型领导对组织创造力的影响，受到心理授权的中介作用。赫尔曼和费尔费(Herrmann & Felfe，2013)在其研究中验证了这些结果，而且发现个体特征和任务特征(如主动承担的态度)在变革型领导和创造力之间起调节作用。张晓洁等(2018)研究表明，亲社会动机能促进研发团队创造力，知识整合和团队情感承诺在亲社会动机与研发团队创造力之间发挥中介作用。孙华等(2018)通过对共享领导力和垂直领导力进行解构，从微观层面研究了共享领导力的产生及对创新绩效的作用。杨红等(2021)研究了变革型领导对高新技术企业研发团队创造力的影响，及知识共享在这一作用过程中的中介效应。金和宋(Kim & Song,2021)也指出,变革型领导在研发团队信息多样性和任务冲突之间的积极关系中起负向调节作用,任务冲突有利于团队创造力。

在团队相关过程方面,团队创造力是团队这一社会系统独有的社会属性(Shalley & Gilson, 2004)。伴随着社会心理学研究的深入,学者们也关注了外部环境、创造气氛、知识共享等对团队创造力的影响(West, 2002; Xia, 2021),探讨了团队成员沟通、信任、社会网络等因素(罗瑾琏,等,2015; Perry-Smith & Shalley, 2003)的影响。例如,张胜等(2017)认为研发团队内部成员之间的知识转移与共享是增强创新能力的重要路径,但知识黏性会阻碍知识转移。从团队认知视角出发,一些研究也指出交互记忆系统、共享心智模型等会影响团队创造结果(Peltokorpi & Hood, 2018;王端旭和薛会娟,2013; Yan, et al., 2020)。其中,交互记忆系统对新产品研发绩效有积极的影响,团队内隐协调在交互记忆系统与新产品研发绩效关系中可能发挥中介作用(肖余春,等,2019)。

总结以往研究发现,拥有共享经验和相关专业知识、在特定时间内相互了解并具有一定程度凝聚力的团队将更有效地发挥创造力。心理学家契克森米哈顿(Csikszentmihalyi, 1988)和索亚等(Sawyer, et al., 2012)曾提出团队流(team flow)的概念,认为必须创造一个团队流的环境,使其所有成员都能够致力于一个共同的目标。而且,根据任和阿戈特(Ren & Argote, 2011)的说法,"拥有高效认知过程的团队,能够意识到每个成员都可以贡献独特的专业知识(如交互记忆系统),认真关注彼此的贡献,并有效地建立在他人贡献的基础上"。这种有效的团队知识交互过程,能够激励团队成员,并且有利于发展创造性的想法。总之,在团队水平上,团队创造力的前因包括许多方面,一个团队创意运作得成功与否,与团队的异质性、团队氛围、团队规模、领导能力等因素都是息息相关的。

3) 组织创造力的前因

在组织水平上,组织文化、培训、政策、组织环境、组织战略和资源配置能力等都是组织创造力的重要前因。

组织文化在促进组织创造力中起着决定性的作用，它能够给组织成员注入关于创造重要性的共享信念。查特曼等(Chatman, et al., 1998)研究表明，组织文化和人口统计因素对创造性工作结果有影响。他们提出的假设是，来自不同人口统计背景的员工彼此间频繁沟通的可能性较少，互动的程度会进一步受到组织文化类型的影响。因此，个人主义组织中的互动会比集体主义组织中的互动要少得多。实验结果表明，组织成员的互动程度是组织文化和组织成员异质性相互影响的结果。贝什托尔特等(Bechtoldt, et al., 2012)探究了个人自我建构和集体主义价值观对团队创造性思想的影响，发现相比于具有个人主义价值观导向的团队，具有集体主义价值观的团队会产生更多的创意。桑德格伦等(Sundgren, et al., 2005)分析了信息共享对组织文化和员工的内在动机的影响，结果表明，信息共享对组织文化起积极影响，同时后者能调节信息共享和组织创造力之间的关系。然而，员工的内在动机对该关系并没有显著影响。

默多克等(Murdock, et al., 1993)则试图发现创造力培训对绩效的影响。实验研究表明，创造力培训会促进员工的创造力发展。因此，组织实施类似的培训能够带来更多的创造性结果。斯科特等(Scott, et al., 2004)证实了这一研究结果。他们开展了一项关于培训项目对创造力影响的定量的元分析，结果发现设计良好的创造力培训对绩效有积极影响。他们研究了几个因素，如课程内容、授课方法等，以分析培训项目对创造力的影响。他们还发现，关注技能应用方面的认知技能和启发式的培训，效果会更好。桑德格伦等(Sundgren, et al., 2005) 提出了一个组织创造力模型，有助于理解信息共享、学习文化、动机和网络化对创造氛围的影响。他们提出，信息共享、学习文化、内在动机、外在动机都能对感知创造氛围产生积极影响。

在其他组织水平变量中，沙利等(Shalley, et al., 2000)研究了组织环境因素对员工创造力的影响，以及对员工满意度和离职倾向的影响。他们于 1993 年在美国开展结构化的电话访谈，以获取关于员工创造力、组织因素、满意度和离职倾向等信息。他们提出的假设是，支持性的组织环境可以提高员工创造力和工作满意度。结果表明，如果员工的工作具有高度的创造需求，管理者需要设计合适的工作环境，并进行持续监督，以确保最大化地匹配创造力。亨特等(Hunter, et al., 2007) 开展了一项元分析，探索组织氛围和创造力之间关系的调节变量。结果发现，支持、自治等维度是创造绩效的有效预测变量；在紧张、动荡的竞争性环境中，该关系尤为显著。周和乔治(Zhou & George, 2001) 发现组织的持续性承诺会使不满意的员工在组织中坚持下去，增加他们的创造潜力，而且在获得同事的支持和帮助的条件下，具有高度持续性承诺的不满意员工会更具创造性，最后所获得的组织支持也会带来创造力。

考虑到组织战略对创新的促进作用，大量研究探讨了薪酬和风险测量对组织创造力的影响(Eisenberger & Shanock, 2003; Dewett, 2007)。库克(Cook, 1998)关注了创造力的战略观，认为它能为组织带来竞争优势。该研究表明了组织情境对创意的重要性，以及它们的实施对创新型产品和服务的重要性。肯尼和里迪(Kenny & Reedy, 2007)也认为，组织战略是组织创造力的一个重要的驱动力，战略导向的各个方面与组织创造力之间存在重要的关系。

2. 创造力的测量

毋庸置疑，创造力始终是创新的必要条件。创新是产品、服务或流程的革新创造，并将这些新的产品、服务与流程导入市场予以运用或商业化的过程(Nord & Tucker, 1987)。杰恩和特里安迪斯(Jain & Triandis, 1990)认为，创新的目的是整合现存技术与发明，或是改善生产、制造、系统等。创新需要以创造力为基础，也需要周全的计划、准确的测量与适宜的领导。

自从吉尔福特(Guilford)于 1950 年提出创造力概念后，多年来相关研究得到蓬勃发展，但切入角度都是根据人员、环境、产品与流程来分类。泰勒(Taylor, 1975)认为，要研究和测量团队创造力，必须关注人员、问题解决过程、产品与氛围等因素。首先，在以人为主体的创造力相关研究中将创造力视为一种个人特质或认知能力，是属于个体稳定的心智表现，因此它的重点是测量创造性人格特质。其次，以过程为重点的研究主要探讨具有创造力的人的创造历程，而以产品为主体的研究主要关注的是创造行为所产生的结果。最后，以氛围为重点的研究，则是探讨外在环境或个体所处组织的情境会如何影响创造力的表现。

根据艾森克(Eysenck, 1990)的看法，创造力的测量可以从两个方面进行。第一是将创造力视为特征，这种分析方法与之前的分类相似，包括人员、流程、情境与产出。第二是将创造力视为结果，分析类别有认知变量与环境变量，前者包含智力、知识、技术、特殊才能等条件，后者则涵盖文化因素、社会经济因素、教育因素等方面。

卡特勒(Cutler, 2000)认为，要确认一个人是否具有创造力并不难。若人们在之前的人生中具有创造力，那么他们的未来也会是有创意的，因此一个人以往的成就记录将会是一个很好的线索。有创造力的人通常有意愿且有能力从各种视角出发来看待问题，会通过其他领域的相似情境来协助问题思考。而且，他们能努力且长时间地投入工作，具有强烈的自我管理能力。当事情能做得更好且具有创意时，对他们而言能产生极高的成就感。

根据以往研究的结果，组织领域的创造力测量可通过人员、流程、环境及产出四个方面来探讨。与个体创造力相比，团队创造力尤其要关注团队结构是否合理、团队氛围是否适合等方面，而且还要充分考虑团队成员的感受。团队创造力的测量通常采用头脑风暴、小组任务等实验方法(Osborn, 1953)，测度团队在讨论问题时的相互启发能力。头脑风暴是一种应用广泛的测量方法，常被用于组织与管理领域的研究(Nijssen & Lieshout, 1995; Sutton & Hargadon, 1996)。但是，以往研究表明，头脑风暴在团队创造过程中也可能产生一些不利的影响。目前，学界已开发了不少团队创造力的测量量表，例如，德尼森等(Denison, et al., 1996)、安德森和韦斯特(Anderson & West, 1998)开发的量表，还有德皮罗拉默洛等(Pirola-Merlo, et al. 2004)的领导评价法。此外，从专利、技术等方面寻找团队创造力的客观依据，也是一种研究趋势。不论采用何种方法，如何更为准确地测度某个团队的创造潜力，始终是一个需要不断探索的问题。

2.3 知识网络相关研究

有关社会网络的研究从 20 世纪 70 年代开始兴起，到 20 世纪 90 年代呈现快速发展的趋势。近年来，无论是物理、生物还是社会科学，不同学科的研究中对网络的关注和兴趣越来越高涨。尽管包含这些网络的主体千差万别，如生物学细胞中分子间的相互作用及互联网引用(Barabasi, 2002; Barabasi & Bonabeau, 2003; Cohen, 2002)，但大多数研究表明存在一些扎根于复杂科学的共同的知识框架。社会网络作为一种研究方法，被广泛应用于各种理论研究中。这些研究主要是从网络自身的角度出发，强调网络关系的强度、结构洞等基本概念(Burt, 1997)，为知识网络(knowledge network)研究奠定了基础。

在管理学领域，知识网络的研究开始于 20 世纪 90 年代。例如，小林等(Kobayashi, et al., 1991)关注了知识密集型企业的知识传播与交流的演化规律，而贝克曼(Beckmann, 1993)通过探讨科学家之间学术知识交流的经济结构模型，首次提出知识网络这一概念，并强调知识网络在进行科学知识的发展和传播过程中起着十分重要的作用。到 1998 年，美国国家科学基金会将知识网络定义为：能够提供知识，促进信息利用的一种特殊的社会网络。知识网络由个体、群体或企业等在知识共享、转移、互动等过程中联结而成，这些行为主体是知识网络的节点，它们之间的知识流或知识互动构成网络中的关系。

2.3.1　知识网络的概念

自德鲁克在 1969 年提出"知识经济"这个术语以来，人们普遍认为世界经济越来越受知识的生产、扩散和利用等所驱动(Powell & Snellman, 2004)，个体、组织和国家的经济绩效也愈加依赖知识生产(Blundell, et al., 1999; Furman, Porter & Stern, 2002; Roberts, 1999)。在很多学术研究领域，也引发了一场关于知识研究的革命。例如，在宏观经济学中，内生经济增长理论的发展(即将知识生产和扩散视为核心要素)导致了大量研究关注经济发展中知识的作用(Romer, 1990)，而且迅速改变了人们关于经济扩张来源的思考(Aghion, et al., 1998)。战略学家则开创了企业的"知识基础观"，认为企业的存在是相对于市场而言的，它们在知识的利用、创造和商业化中提供了效率优势(Kogut & Zander, 1996)。其后，人们更加意识到知识的经济意义，进而关注了"知识管理"领域及"知识管理系统"的相关 IT 技术(Maier, 2004)，这两者都涉及知识创造、存储、提取、转移和应用等相关组织过程的管理(Alavi & Leidner, 2001)。总之，众多学科领域都探究了知识如何影响经济组织及其绩效，以及个体和集体应该如何管理知识等问题。由此，"知识"这一术语在过去数十年频繁出现在管理学、经济学、心理学、社会学等领域的文献中。

对知识和经济绩效之间关系的研究，会带来一个基本问题，即如何解释个体和群体之间的知识生产、扩散和吸收等的多样性？研究表明，已有知识的新结合会创造新的网络(Fleming, 2001)。行动者搜索、获取、转移、吸收和应用知识的效率和效益会影响他们的知识创造能力(Galunic & Rodan, 1998; Nahapiet & Ghoshal, 1998)。越来越多的研究表明，社会关系的特征和它们所构成的网络会影响个体和群体创造知识的有效性和效率，因为它们会影响知识的获取、转移、吸收和应用。

知识网络是知识管理理论的一个重要分支和研究热点。可以说，知识网络和人类商业一样历史悠久，知识在产品和服务的生产过程中常常发生潜在交换，行动者搜索、获取、转移、吸收和应用知识的效率和效益与其知识创造能力息息相关。知识网络是为了知识创造和知识共享而跨越组织的、空间的和学科界限的共同工作的个体和团队的集合。知识网络是对知识元素和知识关系的基本描述，它由一个群体及其资源和关系构成，通过知识传播和扩散等过程不断积累、应用和创造新的知识，以最大限度地创造价值(Phelps, et al., 2012; Seufert, et al., 1999; Mário & Lurdes, 2020)。知识网络的典型特征有：①关系特征，即知识之间可以建立某种关系；②结构特征，即知识之间可以形成某种整体设计，以便到达所需的知识元素(Saviotti, 2004)。基于这两个特征，企业的知识基础可被描绘为知识网络，网络节点(如个体、群体和组织)代表了参与知识创造、转移和应用的行动代理人，节点之间的关系结构代表知识元素之间的组合方式(Brennecke & Stoemmer, 2018)。

1. 知识网络的涌现

尼科利斯和普里高津(Nicolis & Prigogine, 1989)的复杂性理论解释了网络的存在性，首先网络由节点和关系构成，其中，节点是社会经济系统中的要素，关系则是它们之间的互动，因此网络是社会经济系统的结构。网络偏离均衡态而涌现，不同类型的网络之间会发生转换，因此相关系统会变得不稳定，并且产生分歧。可以想象，人类网络的发展是最基本的人类行为的一种结果，其目的是适应外部环境。借助系统对其外部环境的逐渐调整，系统会发生演化(系统是网络的表征)；同时，受到先前系统结构中的波动影响，会产生内部系统的转化。这表明系统内生的波动(fluctuations)是其先前演进的结果，而且波动会带来"分岔"(bifurcations)，导致不连续的变化，促使新结构或新网络涌现(Saviotti, 2007)。新结构或新网络的涌现源于系统中新边界和新要素的形成，而旧要素可能会随即消失。

在经济发展过程中，经济系统的多样性逐渐增加。在网络意义上，这表明系统中的网络数量会增加。网络连通性的演化成为网络动态的另一个特征。事实上，经济系统的多样性最多能测度其节点的数量，但并不能说明其关系，尽管这是网络的一个重要部分。因此，连通性是网络动态的一个重要部分，当环境中存在必要的自由度和波动范围时，可以预期人们有机会在缺乏规则的环境中引入创新。然而，并非所有波动都是成功的，大多数波动可能被排除。那些能够创造更多波动的社会环境将有更多的机会获得成功。一旦创新获得成功，那么就可以预期它在社会中将会被广泛模仿和逐渐扩散。为了获得其"经济权重"(economic weight)，创新也需要适宜的机构共同演化(Nelson, 1994)。互补性的技术和适宜的机构会为知识网络带来新的关系，因此产生系统的连通性。关系的一般意义是它们减少了每个节点的自由度的值，提供了约束，使某一节点的行为变得更具关联性，而连通性的递增本身就是创新的体现。

2. 作为网络的知识

知识具有两个最为重要的性质(Saviotti, 2004)：①知识是一种相互关联的结构；②知识是可被检索或可被解释的结构。根据第一个性质，知识建立了不同概念和变量之间的关系，因而可以将知识视为一个网络，其节点是概念或变量，其关系是这些概念或变量的关联。在这种表征中，如果人们具有关于某一事物的所有概念或变量相关的所有节点，那么就能获得关于该事物的完整知识。

例如，天文学和医学的发展具有完全不同的路径，过去人们并不知晓这两个领域可能具备的任何共同之处。因此，通过识别太阳、地球、行星、恒星等可观察物及构建这些实体的运动模型，人们发展了天文学。医学的发展则是通过识别器官，并且试图借助这些器官以解释整个身体的行为。然而，时隔几个世纪人们才发现：器官由细胞构成，细胞由分子构成，分子由质子、电子和中子构成。换句话说，天文学和医学的知识网络在相当漫长的时间中是各自独立的，人们并未意识到它们本质上或许存在关联性。直到 19 世纪，人们才知道这两个学科及其他知识网络之间的潜在关系，并且产生了所谓的"拉普拉斯梦"(laplacian dream)(Mirowski, 1989)。或许有人会说，分子生物学的研究目的在于关联生物学和物理学的知识网络。尽管在过去 30 年中该方向取得了大量成功的研究成果，人们却依然没有识别所有可能的节点和关系。因此，知识的终极目标是构建一个包含所有可能变量和关联这些变量的所有可能关系的完全网络。

总之，知识是一个有组织的结构，在认知或技术意义上，连通性(connectivity)是知识网络的一个重要性质。连通性在社会经济动态网络中发挥作用，一般通过网络中每个节点的关系密度来测量。因为知识网络关系表明了节点或变量之间存在关系，在高连通性的知识网络中，变量之间高度相关，所以，连通性的存在使人们可以通过某些变量的值来预测与之相关的其他变量。

由于企业中的知识创造过程主要基于劳动分工与协作的方式，企业或组织的知识库可以被定义为一种集体知识，被用于实现企业的经济目标。企业中的诸多个体、团队、部门、子公司等都会创造新知识，它们是整体流程的一小部分，最终产生的知识必然涉及所有活动。显然，企业的组织结构对知识创造的过程会产生影响。越来越多的实证研究表明，社会关系和这些关系所构建的网络在解释知识创造、扩散、吸收和利用等方面尤为重要，而这些网络就是知识网络。对管理学、心理学、社会学和经济学等期刊的相关文献开展系统性的回顾和分析，可以更好地形成对知识网络的理解。

2.3.2　知识网络的研究层次

知识网络研究对于理解知识创造和经济增长尤为重要，因为知识生产和扩散对于解释经济增长非常关键(Romer, 1990)，它们是个体、群体和组织之间合作关系的结果(Powell & Grodal, 2005; Wuchty, Jones & Uzzi, 2007)，这种合作能够提高新创知识的质量和经济价值(Singh & Fleming, 2010)。以往学者对知识网络的研究主要有网络层面、个体层面和组织层面。在知识网络层面上，这些研究主要关注了：①知识的特性问题，例如可靠性(Nelson & Winter, 1982)、可能的因果关系(Lippman & Rumelt, 1982)、知识情境(Bower，1970)；②知识工作者，包括动机(Szulanski，1996)、承诺(Polanyi，1967)、心理安全(Edmondson，1999)等因素；③组织绩效或个人绩效，如企业知识网络对企业绩效或技术能创新绩效的影响，或员工关系网络对员工绩效的影响等。

随着研究的推进，学者们将知识网络研究的关注点从宏观层次转向微观层次，从知识网络特性到知识网络的影响因素，从而进入更加细化的研究阶段。菲尔普斯等(Phelps, et al., 2012)基于三个重要维度，对知识网络的相关研究进行分类：①知识网络要素(包括网络结构、关系、节点和知识流的性质)；②知识结果(包括知识创造、知识转移和学习、知识应用)；③分析层次(个体间、组织内、组织间)。如图 2-8 所示。

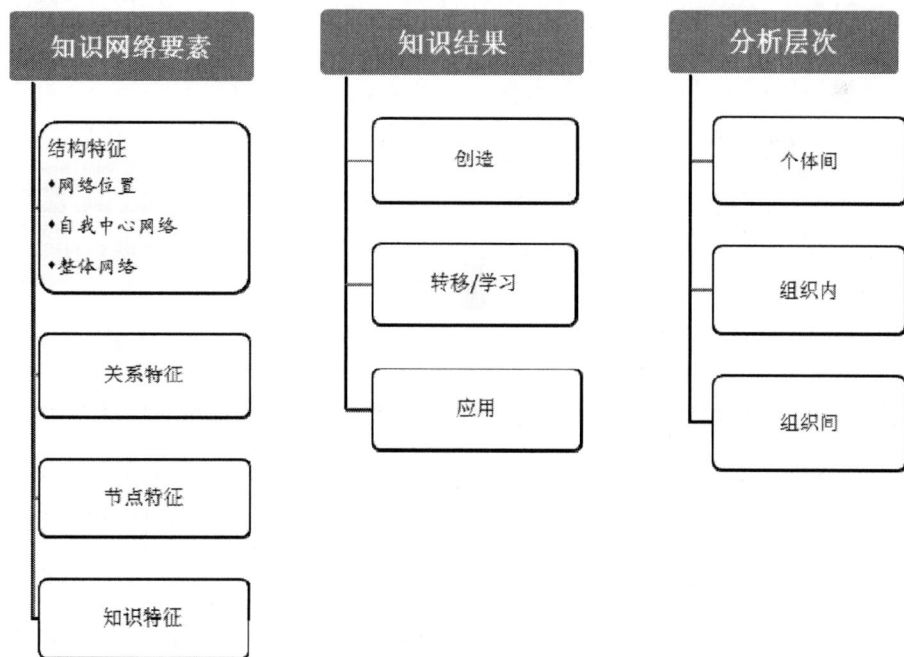

图 2-8 知识网络研究的组织框架

他们识别出了三种类型的知识结果。其中，知识创造指的是新知识的产生，包括想法、实践、研究论文、技术发明或产品等形式。知识转移指的是知识提供者分享信息和知识的能力，以及知识接受者获取和吸收知识的能力。知识应用指的是利用或实施分散的知识要素的意愿和能力，往往包括产品、实践或论文等形式。研究新型人工物(如创新型产品或实践)的应用和扩散，有利于理解知识网络，因为这些研究通过识别网络如何或者为何会影响这些人工物的流动对象，进而解释了人工物应用方式。一旦知识得到创造，认知及其他资源就需要进行转变，使其能够促进这些知识的转移。这些知识对于后续重组时采纳和利用分散的、具体的知识而言是必要的(Carlile, 2004)。

在知识网络中，网络节点的内在结构、特征和资源禀赋被视为网络要素。首先，节点之间的社会关系是信息和知识的搜索渠道，也是信息和知识扩散、流动的媒介。其次，以往研究也探索了节点之间存在的关系模式(即知识网络结构)、某一节点的直接关系模式(即自我中心网络)，以及在有限规模中所有节点之间的关系模式(整体网络结构)。最后，学者们也考察了知识的各种性质(如内隐性、复杂性)对知识创造、转移和应用的影响。

知识网络研究本质上是多层次的，受到多个学科的高度关注，在过去的数十年发展迅速。回顾知识网络的研究，可以从三个层次上进行归纳，即个体间知识网络、组织内知识网络和组织间知识网络，从中可见网络的前因变量和结果变量。

1) 个体间知识网络

它的影响因素包括性格特征、相似性、亲密性、动机、承诺、权力、心理安全、知识情境等(Szulanski, 1996; Li, et al., 2018; Shah, 2000)。而且诸如专长、技能和智力等方面的人力资本和包括与他人之间的关系等的社会资本也可能影响人际知识网络。个体间知识网络研究的结果变量包括工作获取、影响力、更佳绩效和晋升等(Reagans & McEvily, 2003; Perry-Smith, 2006)。在人际层面，社会学家、心理学家和组织行为学者已研究了社会网络对个体创造力的影响(Burt, 2004; Perry-Smith, 2006)。例如，在社会学中，有社会网络结构影响信息扩散和创新的研究传统(Becker, 1970)；在管理领域中，研究者检验了团队内部社会网络结构对知识交流、整合和创造的影响(Reagans & McEvily, 2003)；心理学家则研究了团队如何形成"交互记忆系统"(transactive memory system)及其对团队绩效的影响(Austin & John, 2003)。

2) 组织内知识网络

它既关注组织内单元群体中的个体关系，又关注单元群体之间的关系。这些研究主要探讨了组织内群体的网络位置、目标单元内外的网络结构、地理邻近性和竞争等方面的问题(Hansen, et al., 2005; 肖瑶等, 2021)，还考虑了正式组织和非正式组织的影响(Krackhardt, 1992)。其中，可能的影响因素包括人际关系纽带、功能纽带(Tsai, 2000)、知识重叠性与异质性(Tang, et al., 2020)、组织过程、控制机制(Reagans & Zuckerman, 2001; McEvily & Marcus, 2005)，以及创新和知识活动(Tsai & Ghoshal, 1998; Hansen, 1999)等。

组织内部知识网络的研究受到诸多因素的制约，而且进入组织的难度和内部网络的难以比较性是这类研究面临的最大问题。休兰斯基(Szulanski, 1996)关注了动机性因素，并认为与知识有关的因素是组织内部知识转移的主要障碍，例如接受者缺乏知识吸收能力、因果模糊性、知识来源与知识接受者之间的关系等。古普塔和戈文达拉扬(Gupta & Govindarajan, 2000)提出了跨国公司中关于组织内知识转移的一个全面的理论框架，认为跨国公司某一分部的知识外溢与该分部的知识储备、知识分享动机及传递渠道的丰富性正相关；另一分部的知识流入程度与知识传递渠道的丰富性、获取知识的动机及知识吸收能力等正相关。此外，跨业务单元之间的知识传递研究还涉及知识传递前提、知识传递过程，以及扮演不同知识角色的业务单元的绩效(Hansen, et al., 2005)。

3) 组织间知识网络

它主要关注了动机激励、学习、规范、信任、公平及环境等影响因素(Brass, 1984; 徐露允和龚红, 2021)。例如，蔡和戈沙尔(Tsai & Ghoshal, 1998)的研究表明，跨国公司由总部和各国分部组成，是一组地理上分散、个体目标也分散的组织，这种性质的经济实体可以被概念化为一种组织间网络。马塔尔等(Mattar, et al., 2022)研究了巴西知识密集型技术集群的公司间合作网络和董事间的咨询网络，探讨了组织间网络的相互依赖性如何影响人际关系结构。组织间网络有其特殊性，嵌入在由消费者、供应商、管理者等主体构成的外部网络中，跨国公司的不同分部需要与这些主体发生频繁的互动关系。组织间知识网络产生的作用结果表现在：①导致网络成员态度的相似性、模仿和创新；②促进人际间的合作与组织；③形成不同的关系资源和权力的方式或途径。

总之，组织是多层次的关系系统，这些节点呈现为嵌套系统(Hitt, et al., 2007)。低层次的节点嵌套在高层次的集体中，而这些集体自身又是更高层次的网络的分析节点。每个分析层次上的节点(如个体、群体和组织)代表了参与和追求知识创造、转移和应用等结果的行动代理人。这些行动者会影响其他知识网络要素(即网络结构、关系和知识特征)或受其影响。层次识别知识网络有助于比较不同层次的概念、理论机制和结果，并且为知识网络多层次理论的发展做出了贡献(Moliterno & Mahony, 2011)。

本书在菲尔普斯等(Phelps, et al., 2012)的基础上，总结并比较了以往研究的关注点，如表 2-2 所示。在三个分析层次上，一些研究得出了一致的结果，也有一些研究结果不一致，甚至存在冲突。这些冲突的结果和研究领域表明了未来可以关注的方面，如识别知识网络要素、知识结果及其调节变量的因果机制。

知识网络研究的多样化带来了一系列重要的、未探究的问题。例如，这些研究是否存在共同聚焦的问题？在不同的分析层面上关于社会网络对知识相关过程的理论观点是否一致？而且，关注不同分析层面和来自不同领域的研究者是否考察了知识网络的不相关或相似的方面？由于这些领域和层面的研究仍然在进步，评价它们之间的关联性和整合不同领域的研究显得尤其重要。

表 2-2 知识网络的多层次研究结论汇总

知识网络要素	结 果		
	知识创造	知识转移/学习	知识应用
结构：网络位置	**不一致** • 行动者的点度中心性对知识创造具有积极的或倒 U 型的影响	**一致** • 行动者的点度中心性能增加所接收的知识和提高学习能力	**一致** • 与先前应用者的联系能提升行动者的知识应用概率 • 行动者中心性能提升其知识应用选择对他人的影响 • 过往与潜在应用者的结构等能提升知识应用概率
结构：个体中心网	**不一致** • 结构洞对行动者知识创造有正向或负向影响 • 结构洞和网络成员的知识多样性对知识创造有正向或负向的影响	**一致** • 网络密度能促进成员间的知识共享 • 高密度且能关联外部多样性知识的网络能提高自我学习能力	
结构：整体网	**不一致** • 网络密度会增强或减弱知识创造 • 高度聚集的和平均路径短的网络能提高知识创造有正向或负向或无影响	**一致** • 网络连通性能提高网络中的知识流动	
关系：强度	**不一致** • 关系强度对知识创造具有正向或负向或倒 U 型的影响	**一致** • 越大的关系强度越能够： ➤ 提高知识转移的效率 ➤ 促进隐性的、复杂的知识转移 ➤ 提升从异质性他人那里的知识获取能力	

续表

知识网络要素	结果		
	知识创造	知识转移/学习	知识应用
关系：节点邻近性		一致： • 内部竞争减少知识共享 不一致： • 合作者知识差异对知识转移产生负向的或倒 U 型的影响	
节点特征	一致： • 行动者直接接触的知识多样性能提高知识创造力 • 行动者的吸收能力能提高在知识创造中利用知识流动的能力 不一致： • 结构洞和网络知识多样性对知识创造具有正向或负向的影响	一致： • 行动者的吸收能力提升协作中的学习和接受知识的能力 • 行动者的指导能力提升传递知识给别人的能力(包括知识的深度和多样性能)	
知识特征		一致： • 简单的、编码化的知识比复杂的、隐性的知识更容易传递 • 关系强度有利于复杂的、隐性的知识传递	

2.3.3　知识网络与创造力的关系

显然，知识网络与创造力之间存在密切的关联(Rodan & Galunic, 2004; Smith, et al., 2005; Nieto & Santamaría, 2007)。知识是创造力的重要前因，与同事保持良好的交流关系可以为广泛的知识搭建桥梁，通过这些关系建立的网络对于新知识的传递是很重要的(Granovetter, 1973)。胡和瑞切尔拉(Hu & Racherla, 2008)将知识创造定义为"具有不同背景、资源、素质和见识的个人和组织之间互动的一个社会过程"。

创造意味着将知识应用于新想法的构建过程，社会网络在这个过程中起着重要作用。与他人共享想法和信息能增加个体创造性想法产生的可能性(Parnes, 1964)，主要是因为在这个过程中可以获得发展性反馈。反馈可以帮助员工评估和改善他们的想法，提高他们自身的创造力(Zhou, 2003)。然而，仅仅在员工愿意与他人袒露或共享想法或工作相关信息的时候，反馈才是可能的。因此，在他人反馈和帮助的情况下，信息共享可以促进个体创造力。信息共享也能通过想法合作或交流来提高创造力。信息共享是参与的一个要素(Anderson & West, 1996)，会增加合作想法的流动，反过来这也能产生新的想法和建议，因而会影响创造力(Amabile, 1996)。英克彭和曾(Inkpen & Tsang, 2005)发现，网络是获取其所包含知识的必要非充分条件。一方面，到达可获取知识的路径依赖于行动者在网络结构中的位置(Hargadon & Sutton, 1997; Tsai, 2001)；另一方面，自我中心网络的密度大小也会影响知识获取的数量。伊利伦科等(Yli-Renko, et al., 2001)提出，当组织正在开发新产品时，广泛的网络关系可以促进外部资源中的知识获取。与现有知识的内容不同但类型相似的创造过程，可以使员工置身于更多的机会中，并提高员工评估这些机会的能力。

在有关团队创新的研究中，知识网络对团队创造力有着积极的影响，网络构建和网络关系不仅能提高创造力，而且还能促进组织创新(Engle, Mah & Sadri, 1997)。研究表明，大量网络参数和创造力密切相关(Huang & Liu, 2015; Perry-Smith

& Mannucci, 2017；王巍，等，2020)。这主要表现在：①在网络关系方面，以往研究主要探讨网络关系强度在提高创造力方面的作用(Sosa, 2011；Perry-Smith & Shalley, 2014; Zhang, et al., 2020)。弱关系使参与者可以接触新颖的、非冗余的信息，可以帮助个体拓宽知识领域(Glynn, 1996)，获得不同的分析视角，提高非常规认知和知识整合，对创造力有益(Granovetter, 1983)，但不利于传递复杂信息。强关系包含信任、合作与稳定，意味着能获得深层信息和传递隐性知识(Perry-Smith, 2006)，使行动者减少对自我观点的坚持，并提供稳定的信息流，也能促进新知识的传递；但通过强关系获得的资源异质性低，可能不利于创造力。因此，关系的强弱对创造力的影响并不是线性的。②在网络结构方面，大量文献关注了个体的网络位置并将其视为创造力的前因(Fleming, et al., 2007; Jiang, et al., 2018)。知识网络的中心位置使主体拥有知识控制权和影响力，有助于获取更多异质性知识，可以更好地进行知识整合与创造(Tang, et al., 2020)。由于维持中心地位需要成本，中心性与创造力之间也可能呈倒 U 型关系(Sosa, 2011)或螺旋式关系(Madjar, et al., 2011)。也有一些学者关注了知识网络结构的其他因素，如结构洞(Tang & Ye, 2005)、经纪位置(Li, et al., 2018)、网络规模(王黎萤，等，2017)等。

在总结大量文献的基础上，汤超颖和黄冬玲(2016)指出，知识网络主要通过三种路径作用于研发创造力，如图 2-9 所示。

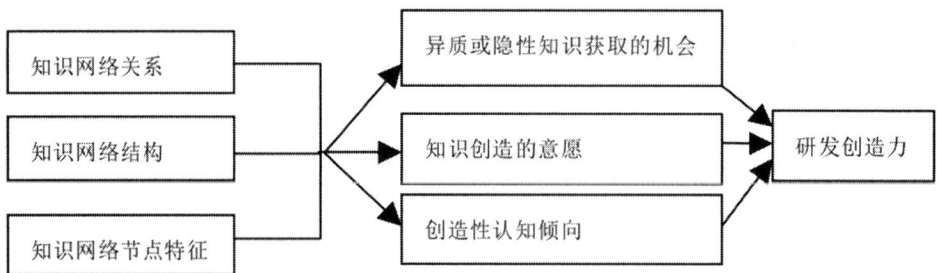

图 2-9　知识网络对研发创造力的影响路径

(1) 知识网络特征对知识获取机会的影响(尤指异质知识或隐性知识)。密度高且派系较少的闭合知识网络，以及拥有较多强关系和处于中心位置的个体更可能获取隐性知识。开放性高且派系较多的知识网络，以及拥有较多弱关系或位于边缘位置的主体则更易于获得异质知识。知识网络节点之间的差异性或异质性也会影响知识获取机会，相似主体之间更容易传递隐性知识，而不同主体之间更易获取异质知识。

(2) 知识网络特征对知识创造意愿的影响。处于中心地位的主体，或者处于网络密度高并且主体间联结强度高的知识网络中的主体，更倾向于维护其核心地位，因而开拓新知识、吸纳新知识、创造知识的意愿可能会更低。

(3) 网络特征对创造性认知倾向的影响。知识创造需要从新视角为原有知识之间的关系建立新的组合。在开放、整体中心势低或相对松散的知识网络中，主体会保持更高的自主性，会对异质知识保持更加敏锐的关注，有助于形成创造性认知(Lechner, et al., 2010)。

2.4 研 究 述 评

本章主要回顾了研发团队、创造力及知识网络的相关理论与研究现状。通过对以往文献的梳理，阐明这些概念的基本内涵、成因及影响，有助于分析这些变量之间的内在逻辑，为本研究奠定相关的理论基础。

从以上研究中可以发现，创造力是一个多维度的构念。不存在一个单独的维度，可以囊括所有形成员工创造力所需的必要因素。总的说来，团队创造力是一种众人协作的结果，涉及团队成员之间的互动过程，这一观点已得到广泛支持(Shalley, et al., 2004)。而且，在过去几十年中，学者们已经开展了大量研究，并在个体间、组织内、组织间等层次上提出了知识网络的不同维度，每个层次的研究都关注了知识网络的结构和关系性质，及其对知识创造和转移的影响。然而，在每个层次内，以往学者较少研究整体网和知识性质。团队知识网络研究有其特殊之处，它具备有界网络的嵌套性。而嵌套于更大网络的团队，相比其他更为微观或宏观的分析层次而言，该分析层次较少受到关注。

目前，学界关于知识网络与创造力的研究仍在继续。关于知识网络与创造力之间关系的研究存在于多个领域和研究层次。例如，在人际层面，社会学家、心理学家和组织行为学家已经研究了社会网络对个体创造力的影响及关系质量对个体之间知识共享的影响。在社会学中，一直有关于社会网络结构影响信息扩散和创新应用的研究传统。近年来，经济学家开始探究网络如何影响知识生产和扩散的问题。在团队层面，管理学家探讨了团队内外部的社会网络结构如何影响成员交流、整合和创造知识等问题。心理学家则研究了团队如何发展"交互记忆系统"及其如何影响团队绩效。在组织内部，学者们关注了部门间关系强度如何影响知识转移，以及组织内的部门位置如何影响其创新绩效。最后，在组织间层面，战略学家检验了战略联盟特征如何影响组织间知识转移，以及联盟网络结构如何影响企业创新。

如前所述，以往研究主要关注了知识网络结构特征、关系特征、知识特征、主体特征与创造力之间的关系。这些针对知识网络与创造力之间关系的研究则多关注个体网络所带来的异质性知识与复杂性知识对创造力的贡献，其理论前提是网络结构充当了异质性知识的代理(Rodan & Galunic，2004)，而异质性知识的获取和重组是创造力的本质。主要研究结论包括：行动者在社会网络中与其他行动者的关系强弱、网络结构(闭合度等)、网络节点主体的资源特征、行动者在网络中的位置等会影响所获取的知识特征，进而作用于创造力(张华，等，2008；王端旭，等，2009；汤超颖，等，2018)。

这些研究普遍关注的是个体创造力或组织创新绩效，对团队创造行为的分析相对较少。团队创造力产生于个体与环境之间的互动过程，会受到个体、群体及其所在的组织等各个层次因素的影响。它来源于团队成员的个体创造力，却又不是个体创造力的简单加总，而是群体协作的结果(Levine & Moreland, 2004)。以往研究大多从个体水平探究知识网络中节点、关系、结构等特征对组织内知识转移或创造力的影响机理。事实上，由于个体能力差异，团队知识在网络中并非均匀分布，不同类型的团队会形成特定的知识配置模式，进而呈现出不同的网络特征。从团队水平探索知识网络的特征及其成因，可以从总体上较好地把握团队的知识互动行为及其协同作用。

　　回顾以往研究还可以发现，知识网络和团队认知代表了不同的研究方向，两者往往相互分离，缺乏两者关系的整合分析可能导致对团队创造机制理解不足。团队认知与"团队大脑"这一隐喻紧密联系在一起，代表团队的信息加工方式、记忆系统和心智模型构建，以及每个成员的角色、能力和行动的共同理解。团队认知的发展离不开团队成员之间的知识沟通与互动，而且团队的联合创造过程表现为团队如何对现有知识进行表征和加工，即知识的重新组合也会受到团队认知的影响(Sung & Choi, 2012)。以往研究通常只从单一的现象层面关注知识网络的外显社会行为，忽视了知识网络与团队认知伴随发生这一事实，对团队认知如何形成、发展及产生影响等问题缺乏足够的洞察，未探讨团队认知在其中的微妙作用。基于团队层面的知识与创造的内在联系，让我们认识到团队知识互动也是一种认知活动，一系列认知规则、共同偏好和团队信念等会在知识网络的社会化整合过程中得以形成或固化。从某种意义上来说，知识网络是团队认知形成与发展的必要前提，而且不同的网络也会塑造不同的认知模式。作为两类重要的团队认知，共享心智模型和交互记忆系统的涌现过程不同，对团队创造力的作用机制也存在差异。探究知识网络的关系或结构特征对不同团队认知的潜在影响，有助于深入理解团队认知的发生机理，以及准确识别团队创造中有价值的知识行为及其作用路径。

　　综上所述，作为嵌套于组织这个大网络的集体行动者，研发团队在组织创新中起着关键的作用，但其知识网络及作用机制等方面的探讨相对较少。本质上，研发团队的知识网络有其特殊性，相比其他更为宏观(如组织或组织间)、更为微观(如个体)或一般团队的分析单元，研发团队总是置身于频繁的知识实践中(如研发流程、产品设计等)，有着更为密集的知识互动过程，更需要通过有效团队认知机制来寻求创造性的想法。因此，对于研发团队而言，异质性的团队成员之间的知识网络尤为重要，知识网络的形成机理、团队认知的作用路径及团队的创造机制等问题还有待深入探讨，这也正是本书研究的出发点。

第 3 章

>>>>

研发团队的知识网络与创造行为

3.1 问题提出

在组织中，研发通常发生在人们正在处理一个新问题或者市场上出现了一个需求而没有已知的解决方案时，许多产品和服务都是研发活动的结果，如现代智能手机、线上电商平台的功能模块等。研发工作对于技术、科学、社会和行政等各个领域的发展都至关重要。在当前数字经济时代，技术日趋复杂，专业知识分工越来越细，企业愈加需要汇集多领域的专业人才来完成各种创新任务。

研发团队已成为创新型企业中最重要的工作单位。研发团队成员可以利用他们差异化的知识或专长，通过沟通、协调等方式获得广泛的视角，产生新颖的想法(Kim & Song, 2021)，进而创造新产品、新服务或新的解决方案等(Kobarg, et al., 2019; 余义勇，等，2020)。从知识与创造力的内在关系来看，研发创造力的本质是知识要素的新组合(Mannucci & Yong, 2018)。研发团队具有知识高度密集、学科高度综合、工作量大等特点，团队成员在特定的知识分工下专注于不同的任务，他们在动态的协作过程中逐渐建立起特定的知识交流与搜索机制，以识别和解决创造难题(Levine & Moreland, 2004)。知识异质性或认知多样性是理解和解决研发问题的关键。研发工作是一个知识整合的过程，即将团队成员的不同知识结合在一起，形成最终的创造结果。但事实上，研发创造远非简单的知识资源汇总，而是对这些知识进行有意义的、深入的整合，以形成新颖、有用的解决方案。该过程既需要团队建立关于复杂问题的表达、解释及共同理解的集体认知框架，又离不开团队中社会化的群体知识行为。

在显性或隐性的知识共享过程中，社会关系被视为一种比其他企业信息和控制系统更有效的机制(Kang, Morris, Snell, 2007)。研发团队的知识网络是建立在团队成员之间的社会关系基础上，通过信息或知识流动的联结构成的网络。作为企业重要的知识库，知识网络也是研发团队获取创造力和组织建立竞争优势的有效途径，在组织创新活动中扮演着重要角色。研发团队的知识网络发生于个体成员之间。以往关于个体间知识转移与扩散的研究，主要围绕影响因素、知识关系模式、知识交流工具、知识互动机制、知识网络效果等方面，其影响因素存在于组织的不同层次中。大量研究关注了在个体、群体、组织内、组织间等层面的知识网络现象，主要考察了知识网络的结构特征和关系特征，探讨其对知识创造、知识转移和知识学习等方面的影响。作为嵌套于组织这个大网络的集体行动者，研发团队在组织创新中起着关键的作用，在整体网研究和知识互动行为方面的探讨相对较少。本质上，研发团队的知识网络有其特殊性，相比其他更为宏观(如组织或组织间)或更为微观(如个体)的分析单位，研发团队有着更为微妙的知识互动过程，更需要有效共享团队成员互补性的认知资源来寻求创造性的想法。由于研发团队总是置身于组织频繁的知识实践中，如研发流程、产品设计等方面，对于知识网络具有更高的要求。

为了深入了解研发团队中的知识互动过程，本研究将采用案例研究的方法，结合扎根理论的分析技术，从研发团队知识互动的角度收集企业在管理实践中有关研发团队的基本要素、工作流程、团队情境与创造成果等资料，以探究研发团队的知识网络及团队创造过程。由此，为后续的研究模型构建开展前期探索，提供稳固的现实支撑。

3.2　研　究　方　法

在组织研究领域，越来越多的学者采用定性研究方法探寻科学结论。迈尔斯和休伯曼(Miles & Huberman, 1994)曾经评估了 57 个兼具定性、定量方法的研究，发现两种方法并用更有益于后续研究的开展。因此，为了从管理实践中寻找可能的研究命题，本章的子研究主要采用定性研究方法，通过对现实企业开展案例分析，再根据所收集的数据用扎根理论的研究方法进行逐步推演，以获得可能的结构化结论。

3.2.1　案例研究

案例研究是社会科学研究的一项重要工具。通过案例研究的方法，学者们可以对某些具体的社会现象进行剖析和归纳，以构建相关的知识或理论(Yin, 1994)。

按照案例研究的逻辑，研究情境和研究问题之间是否契合非常重要。当欲探究的现象与情境难以分离或界限不清时，案例研究是一个很好的策略。总之，案例研究注重的是现象发展的整个过程，包括注重现象的多样化和复杂性，因而适合分析现象的动态性发展过程。

与基于特定假设的定量研究方法相比，案例研究在收集和分析资料，以及构建理论的过程中具有更强的互动性，有助于对案例进行充分的描述和系统化的理解(Gummesson, 1991)。采用案例研究方法，可以实现不同的研究目标，例如现象描述、理论检验或构建等，能够很好地回答"如何"(how)和"为什么"(why)之类的问题。本章的研究旨在构建理论，采用案例研究方法可以对管理实践中出现的现象与问题进行细致的剖析，以有效地推动理论构建(Eisenhardt, 1989)。本研究试图探究"研发团队知识网络如何产生，会产生哪些影响"等问题，属于探索性研究，适合采用案例研究的方法。

此外，由于研发团队存在于各行各业之中，所以不能从单一企业的分析中获得结论。研发团队的知识网络是一种复杂的、动态的现象，难以从少数几个因素中把握研究问题的全貌，需要开展整体性的、系统化的分析。为了提高研究结论的概化效度，要从不同管理实践的重复归纳过程中得到共性结论，确认共同特征。本研究选择了多案例研究方法，通过寻找一系列的证据，提供更为稳固的内外部研究效度，并且由此发展更为新颖的理论观点和研究框架。

3.2.2 扎根理论

扎根理论最早由格拉泽(Glaser)和施特劳斯(Strauss)于 1967 年在《扎根理论的发现》(*The Discovery of Grounded Theory*)一书中提出，其后被作为基于案例资料或定性资料的一种常用研究范式(Hammersley，1995)。施特劳斯(Strauss, 1987)指出，扎根理论是一种比较科学的定性研究方法，通过系统化的资料收集和分析，有助于挖掘或发展已验证过的理论；其主要宗旨是根据经验资料来构建理论，而经验资料及其分析单位则扎根于具体的时空、环境及事物发展之中。总之，扎根理论就是通过归纳的方法，分析具体现象，将初始数据抽象化为概念，进而构建可能的理论。

与其他质性研究方法相较，扎根理论的关键特点在于：抛开定势思维，不是预先设定一种理论再去想办法证实，而是先有一个待研究的领域，再通过推理、比较等过程从该领域中提炼概念及理论。施特劳斯和科尔宾(Strauss & Corbin, 1994)指出，扎根理论可同时开展理论发现和理论验证，一方面需要收集足够的数据资料，另一方面则需要在资料收集与资料分析之间不断地进行互动和补充。本质上，这是一种自下而上的理论建构方法，可弥补案例研究先入为主的臆断，以严谨的编码程序定义现象，发现范畴和构建理论。因此格拉泽(Glaser, 2002b)指出，扎根理论是一种自然出现的、概念化的、相互结合的、由范畴和特征组成的理论的构建过程。扎根理论的意义在于为定性研究提供了一套明确的、系统化的程序与技术，有助于分析研究中所收集的庞大的初始资料，将其概念化并关联成扎根理论与实践理论(徐宗国，1994)。

扎根理论是一个精细的、严谨的动态分析过程，一方面它具有规范的分析步骤，另一方面它也可以根据研究问题的变化而进行动态的调整。扎根理论的最终目的是构建理论，因而在使用过程中尤其强调研究者对理论的高度敏感性，并且注重捕捉有助于理论构建的线索(陈向明，1999)。一般而言，扎根理论的分析流程如图 3-1 所示。

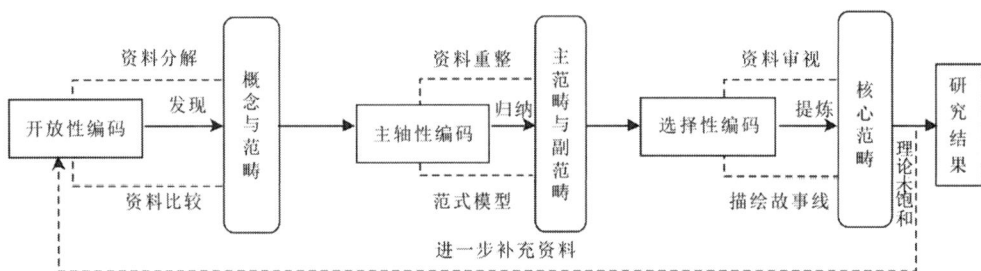

图 3-1　扎根理论的一般流程

总之，扎根理论具有根植于定性资料构建理论，注重动态性变化和过程等特点，使研究者可以借助现场观察及与事件当事人的密切互动来获取一手资料，并且在该互动过程中，逐步提高概念提炼和现象归纳的理论触觉，使最终得出的研究结论坚实可信。本研究采用扎根理论研究方法对案例资料进行分析，与本研究的性质和目的相一致。本研究通过对两个案例企业四个研发团队开展实地考察和深入访谈，试图提炼研发团队创造力形成过程的理论，希望在该领域中有所突破，发现定量研究不易于挖掘的一些现象，弥补其他研究方法的不足。

3.2.3　研究步骤和样本选择

本研究的调研对象为有一定工作经历的知识型员工，采用定性研究方法，结合扎根理论，探索研发团队创造力的影响因素。为实现研究目的，本研究将系统化、阶段性地进行推进。首先，从知识网络相关文献着手，整理研发团队的人员特质、任务特质、运作流程、工作环境与创造绩效等资料，以发展研发团队知识网络内涵的相关议题，以及研发团队创造力的影响因素的基础脉络。其次，初步拟定深度访谈的问题架构，选取一家企业进行预谈，并将资料分析与研究目的两相对比，进一步修订访谈问题架构，然后再选取第二家预访企业，重复上述步骤，以确保访谈问题能精确地聚焦于研究核心，且利于后续深度的个案访谈。最后，研究者进行正式的深度访谈，收集受访对象所述企业研发团队的成员、特征、来源、知识互动过程及成效等资料，归纳深度访谈结果，通过个案资料分析与跨案例的比较分析，发展研发团队知识网络相关议题的初步架构。经专家与受访者核实及确认后，完成研发团队创造力的理论构建。在这几个过程中，都要持续地收集有关资料，与该领域专家共同讨论，以确保计划施行的审慎和顺利。

在确定研究主题后，需要结合拟开发的理论进行案例选择。本研究采用多案例分析的方法开展理论探索和理论提炼，以确保研究结论的普适性。借助案例构建理论时，所选择的研究样本应该具有一定的代表性，要能够支持理论的前提假设且具有关键性，或者对于描述、探索或解释现象具有独特性，对于科学研究尚未探索的问题具有揭露作用。定性分析的目的在于就某一问题进行深入的探讨，往往采用目的性抽样的方法，即选择那些能够为本问题提供最大信息量的人或事(陈向明，2000)。因此，在样本选择上，遵循埃森哈特(Eisenhardt, 1989)和殷(Yin, 2003)提出的典型性、聚焦性和可获取性等原则。①在典型性方面，本研究的关注点为普遍意义上的研发团队。为了从不同的组织情境中提炼有关研发团队知识网络的共同特征，本研究选择了两个具有高度密集研发活动的高新技术企业作为案例分析对象。②在聚焦性方面，案例样本涉及汽车和生物技术两个不同行业，有助于本研究对研发工作差异悬殊的两类企业开展类比分析。③在可获取性方面，研究团队与案例企业有长期稳定的合作关系，便于数据获取和调研访谈。

具体而言，本研究所选择的案例企业涉及汽车和生物技术两个不同行业。其中，一个是发展相对成熟的汽车传感器领域的龙头企业(S公司)，另一个是尚处于起步阶段的提供基因检测技术的新兴企业(G公司)。本研究分别从两家企业中选择两个研发团队开展深入的调研，并采用扎根理论的方法对四个团队的资料进行逐级编码，识别那些影响研发团队知识网络的主、副范畴及核心范畴，挖掘其内在的逻辑关系，构建研发团队知识网络的相关理论模型，以期能对管理实践提供重要的指导。

3.3 资 料 收 集

3.3.1 案例公司简介

1. S 公司

S公司成立于1993年11月，是以汽车油位传感器的研发和生产为核心业务的一家高新技术企业，它的主营业务包括研发、生产和销售汽车零部件，主要涉及传感器及配件(包括油位传感器及配件和水位传感器)，燃油系统附件(包括加油管总成、锁闭接管总成、进口控制阀、通风阀等)及汽车内饰件(包括气囊盖板、仪表板、空调风管等)三大类产品。

S公司在2007年与中科院携手成立了专门的车用传感器研究所，2009年设立了江苏省车用传感器多参数集成工程技术研究中心。为了进一步扩充企业的科研实力，S公司引进了许多高端人才和业内专家，与公司自身的资深开发人员一起组成了一支 30 人以上的科研团队。2008 年开始，公司连续被国家相关部门评定为"江苏省高新技术企业"，有 8 种产品被列为江苏省高新技术产品，其中双接触点厚膜电路汽车用油位传感器更是荣获中国国际专利与名牌博览会创新奖(该奖项由国家知识产权局设立)。汽车 MEMS 胎压系统传感器、双回路厚膜电路汽车油量传感器、双接触点厚膜电路汽车油量传感器三个项目被列入国家火炬计划和江苏省火炬计划。

目前，S 公司的研发重心主要集中在两个方面：①汽车传感器项目。为了提升公司产品质量和生产效率，S 公司引进国内外先进生产设备和检测设备，该项目达产后公司将大幅度新增油位传感器及配件产能、水位传感器产能。②汽车燃油系统零部件项目。S 公司投产产品包括翻转阀、止回阀、燃油控制阀、进口控制阀等阀件和加油管总成。在这些投产产品中，公司拥有多项自主知识产权和 4 项专利，2010 年汽车油箱安全性防倾覆翻车阀被评为江苏省高新技术产品。当前中国市场上的这些产品以进口为主，S 公司的项目规模化生产后可提高汽车关键零部件的国产率，从而改变目前依赖进口的现状。

2. G 公司

G 公司成立于 2014 年 8 月，是一家有关基因检测的产品与服务公司，旨在提供以最新一代基因检测平台为基础的临床应用整体解决方案。G 公司一直致力于推动普惠的基因检测。通过有效结合近年迅猛发展的基因检测技术和具备临床应用价值的基因与健康信息。公司自主开发了一系列基于芯片、PCR(polymerase chain reaction，聚合酶链式反应)、高通量测序技术在内的高准确性基因检测产品，同时向客户提供智能化的基因大数据分析挖掘与服务平台，为从事分子诊断研究的科学家、临床医生、第三方检测机构等提供基因检测产品和基因大数据分析技术服务。

G 公司的研发生产基地和信息处理总部分别设于美国圣地亚哥和中国苏州，国内也有多家研发分部。商务和市场总部设于北京，长沙和大连则分别设有医学研究所。本着成为国内领先的"产学研"一体化分子检测与生物医学大数据服务型科技创新企业的愿景，G 公司打造了一批具有多学科背景、高技术能力的创新型研发队伍，汇集多位海内外生物医学知名专家，其中有 Illumina(因美纳)资深生物信息学家，以及全球临床诊断国际大公司的资深管理人员等。他们在生物信息学、医学遗传学、基因组学及其应用，临床诊断产品的开发，分子生物学及免疫学，以及药品与医疗器械销售等领域有着丰富的经验和广泛的资源，并且曾参与人类基因组项目，以及 Illumina、BD(美国 BD 公司)、Pathway Genomics(帕斯唯基因科技公司)、WuXiAppTec(药明康德)等许多公司的重要产品设计和开发，在临床诊断试剂研发、生物医学数据库构建、生物信息学软件工具开发、软硬件资源整合等方面积累了雄厚的技术经验，同时在高通量生物芯片、低密度膜芯片及其计算机辅助设计软件开发等方面取得了许多创新性科研成果。公司研发生产的新一代基因检测试剂及数据分析临床应用系统，主要包括三个核心产品：①与基因检测临床应用密切相关的系列试剂产品；②临床检测实验室流程的自动化和信息管理系统(LIMS)；③数据分析和报告生成系统。

3.3.2　资料收集

质性研究应有一个相互联结且富弹性的设计模式，模式中需涵盖研究目的、理论概念、研究问题、研究方法与效度五个要素。模式的上半部是研究设计的外表，包含纳入研究的目标、经验、知识、假设与理论。模式的下半部则是研究设计的内在，涵盖研究者实际进行的活动，以及发展与测试结论的过程。研究问题是模式的中心，贯穿研究实施的全程，并精准地反映及预测要素之间的互动关系(Maxwell，2001)。本研究根据证据三角原则(triangulation)，坚持从多渠道证据来源采集案例信息，以此建立数据库，构建"证据链"。本研究的资料收集途径包括一手资料和二手资料。其中，一手资料主要为企业访谈、实地考察、电子邮件交流以及与团队外部观察者(企业高管)的交流；二手资料主要为企业年度报告、企业内部资料、媒体新闻报道及行业协会报告。其中，深度访谈主要采用面对面半结构化的方式收集相关资料，并以电话、微信、邮件等方式进行补充。为了使整个访谈过程得以顺利进行，需要使用下列工具进行辅助。

1) 访谈提纲

研究者需提前拟定一份访谈提纲。通过查找相关文献及结合企业实践，研究者列出根据主要假设所延伸的问题清单。在访谈过程中，这些问题可不按次序进行，可视真实访谈情境中的受访者回答随时调整或修正问题的陈述。总体而言，本研究的访谈内容主要围绕"您所在团队的研发工作流程是怎样的""团队成员之间如何沟通不同领域的专长或知识""哪些因素会影响团队成员之间的知识交流"及"团队知识互动带来了哪些成效"等议题展开。根据这些议题的内涵，进一步延伸访谈问题清单(参考附录 A)。

2) 访谈录音

为了能完整收集访谈信息，研究者在访谈工作开始之前，要预先告知被访者会对访谈内容进行全程录音和纸笔记录，而且重要的企业经营信息会予以保密。除了能够辅助整理访谈稿外,这种记录方式还能作为进一步资料分析的参考依据。在征得被访者同意之后，才可以进入访谈程序。访谈结束后，研究人员整理录音资料，将其转换成文本信息，邀请一位未参加调研的人员进行校对。

3) 访谈日志

访谈日志也是访谈中一项十分重要的工具，其内容应包括：过程中研究参与者的反应、态度、对研究的看法及感受、非口语的信息，陈述语句的深层含义，研究者新的发现与想法，访谈过程的检查和注意事项等。通过访谈日志，研究者能清楚完整地重塑访谈现场，同时也能通过检视与修正，对未来访谈相关事宜进行改进。

本研究的访谈工作由两位研究者和一位受访者组成，共访谈了两个公司(包括高管、团队研发主管、技术人员等)不同职位的 14 名人员。为确保所收集的访谈资料具有足够的代表性，借鉴孙永磊等(2018)的抽样策略，从工作职位、性别、教育背景、工作年限等方面对受访者样本进行控制。受访者的基本信息如表 3-1 所示。

表 3-1 受访者基本信息

类 别	维 度	数量/名	比例/%
性别	男	9	64
	女	5	36
年龄	≤30	3	22
	31～39	8	57
	40～49	2	14
	≥50	1	7
教育背景	本科	2	14
	研究生(硕士)	5	36
	研究生(博士)	7	50
当前团队工作年限	≤1	1	7
	2～3	6	43
	4～5	2	14
	≥6	5	36
职位	公司高管	2	14
	团队主管	4	29
	研发专员	8	57

3.4 案 例 分 析

扎根理论包含一套严谨的编码分析程序，它是扎根理论研究方法的重点和核心部分(李志刚，2007)。编码就是将收集到的文字资料进行分解，确认现象，将其概念化，逐步提炼与研究主题相关的范畴及其特征(Rennie, Phillips, Quartaro, 1988)。其中，概念是蕴含于一系列描述性事件中的意义、结构和模式，是形成范畴的基础；而范畴则是逐渐发展起来的相关概念的聚合。在收集原始资料后所进行的撰写编码摘记的过程，就是编码程序的开始。具体而言，扎根理论方法为资料分析提供了一套普遍适用的操作性程序，建立了包括开放性编码、主轴性编码和选择性编码三个步骤的循序渐进的过程(Miles & Huberman, 1994; Strauss & Corbin, 1990)。

3.4.1 开放性编码

开放性编码(open coding)就是对原始数据赋予概念的过程,即根据一定的原则将庞大的原始资料逐级缩编,以命名的方式摘取概念和范畴来反映资料内容,形成几个分析主题,这是一个将原始资料及抽象化概念打破、揉碎并重组的过程(Strauss & Corbin,1994)。开放性编码的目的是确认现象,框定概念,发现范畴,要求研究者尽可能摆脱成见,对原始资料进行逐字逐句的分析和贴标签(定义现象),记录现象,挖掘概念及其属性。概念可以来自原始数据本身,可以是学科领域中的术语、约定俗成的名称,也可以由研究者自创。在获得基本概念之后,一些概念可以根据其属性归纳到另一个更高层次的抽象概念中,即挖掘和命名范畴,分析范畴性质和性质维度。在该过程中,需要避免个人的先入之见和已有的研究观点,循环往复地对比、分析开放性编码过程中记录的句子,分析备忘录,从形成的推断和联想中探索和再检验范畴之间的关系。

扎根理论的方法是从大量的定性数据中提炼主题,类似于定量研究中的因子分析过程。根据忻榕等(2004)和樊景立等(2004)的定性资料分析方法,首先,本研究对所有受访对象的文本资料进行编号,通过排除无关紧要的信息、相似的资料及模棱两可的内容等数据缩减方式,以渐进的过程对这些资料进行归纳和整理,形成一个包含 142 个标签的文本资料库,以"a+序号"表示,用于接下来的数据分析。然后,将已贴上标签的语句和段落再分解成一系列独立事件,并且把这些资料数据转化为概念化的信息,简要地反映资料数据。根据典型性、准确性和相关性等要求,剔除重复或不显著的概念化条目(如信息出现频次小于 3 的条目),最后得到 55 个正式概念,用"aa+序号"表示。

为了精简概念信息,可以根据主题分析将相似的概念进行归类或聚拢,抽象为某一关键词,这个进一步浓缩提炼的过程即范畴化。范畴的命名可以借用学术界已有的名词,也可以根据本研究的情况自创。这样形成的关系可能是暂时的,后续的主轴性编码要对这些关系进行进一步的验证。经过多次整理和反复比较,本研究从资料中共提炼了 16 个范畴,用"A+序号"表示。概念化与范畴化的结果参考附录 B。这些过程主要借助 Nvivo 软件，为作为概念的自由节点建立联系，根据其上下层的关系进行再归纳，添加到作为范畴的树状节点下。

3.4.2　主轴性编码

主轴性编码(axial coding)指的是根据不同范畴之间的相互关系和逻辑次序形成主范畴的过程。它围绕某一范畴的轴线(故称为主轴)，发现和建立范畴之间在属性和面向等层次上的有机关系，有助于研究者将现象脉络化。Strauss 和 Corbin(1994)提出了"因果条件—现象—脉络—中介条件—行动/互动策略—结果"这一典范模型(paradigm)，将开放性编码中得到的各项范畴关联在一起，形成主范畴，进一步挖掘范畴的含义。典范模型是扎根理论的一个重要分析工具，用于探寻某一事件(主范畴)的产生条件，该事件所依赖的脉络和行动者在该事件中采取的策略及结果，有助于更准确、系统地把握该事件(主范畴)。虽然条件、脉络、策略和结果也都是范畴，但都与主范畴有关，并用以了解该主范畴，因而它们也被称为副范畴。主轴性编码的目的并非关联范畴以构建全面的理论架构，而是为了发展主范畴和副范畴，比发展范畴的性质和维度更进一步。在主轴性编码中，概念之间的关系表现为因果、时间、功能、相似性、结构、对等、策略等方面。

经过开放性编码过程之后，各范畴逐渐明晰。为了进一步系统处理范畴与范畴之间的关联，还需要紧扣类属之轴，借助典范模型区分主范畴和副范畴，将定性资料重新组合在一起，完成主轴性编码。经过反复比较和挖掘，本研究围绕研发团队知识网络这个主题，提炼出 5 个主范畴，具体如表 3-2 所示。

表 3-2　主轴性编码结果

维　度	主范畴	范　畴	范畴内涵
形成因素	团队特征	A1 团队属性	团队规模、成立时间及人员构成等基本属性
		A2 成员特质	团队成员的人格特征及自我效能感
		A3 知识特征	团队成员之间的知识多样化程度
		A4 任务特征	团队研发任务的复杂性、互依性、模糊性等特征
	团队行为	A9 研发工作流程	团队的产品研发流程及创意产生阶段等
		A10 社会互动模式	团队的工作行为方式及成员人际关系

维　度	主范畴	范　畴	范畴内涵
边界条件	团队情境	A5 授权型领导	团队领导鼓励参与决策及提供信息支持等行为
		A14 团队创造氛围	团队内信息共享、任务导向、理解与接纳等氛围
		A13 交互记忆系统	团队成员对彼此任务专长的理解、信任及协调的状态
	组织情境	A6 组织特征	组织规模、成长、行业地位、市场份额等
		A7 创新支持	组织中研发投入、创新奖励及其他支持系统
		A8 组织文化	组织在团队导向、教育培训、变革创新等方面的倾向
作用结果	团队创造力	A11 创造成果	产品专利数量、开发周期及产品竞争力等
		A12 问题解决	解决研发过程中的各类阶段性难题
		A15 成员创意	团队成员提出新颖性与开创性的想法
		A16 团队创意	团队产生新颖、灵活及有价值的创意

3.4.3　选择性编码

选择性编码(selective coding)即在开放性编码和主轴性编码过程产生的众多范畴中选择一个或几个起关键作用的核心范畴的过程。以此为中心，可系统地将其他范畴联系在一起并验证范畴之间的关系，以形成概念网络或理论。其中，核心范畴是构建理论的关键，指的是研究者关注到的，具有较强概括能力和关联能力的范畴。选择性编码的主要任务是：识别具有统领性的核心范畴；开发故事线，即借助所有资料及范畴、关系等简要说明全部现象；描述范畴的关系、属性和维度，用资料验证与其他范畴之间的联结；剔除关系不够紧密的次级范畴，发展和完善必要的概念范畴(徐宗国，1994)。核心范畴在开放性编码中自然出现，能够将大部分研究结果涵盖于某一相对宏观的理论范围中，具有核心性、强解释力、频繁性等特征。将概念化并不完整的范畴进行补充和完善的过程，即理论构建的过程，而理论会随着核心范畴的涌现而得到自然建构。

基于开放性编码和主轴性编码开展进一步比较和分析，找出一个能始终贯穿核心范畴的"故事线"，通过厘清范畴之间的内在逻辑将各个范畴串联起来，可以建立理论框架。通过对 5 个主范畴和 16 个对应范畴的关系分析,本研究建构了"研发团队知识网络的形成及作用机制"这一核心范畴及其理论模型,以全面刻画研发团队的知识网络现象,如图 3-2 所示。

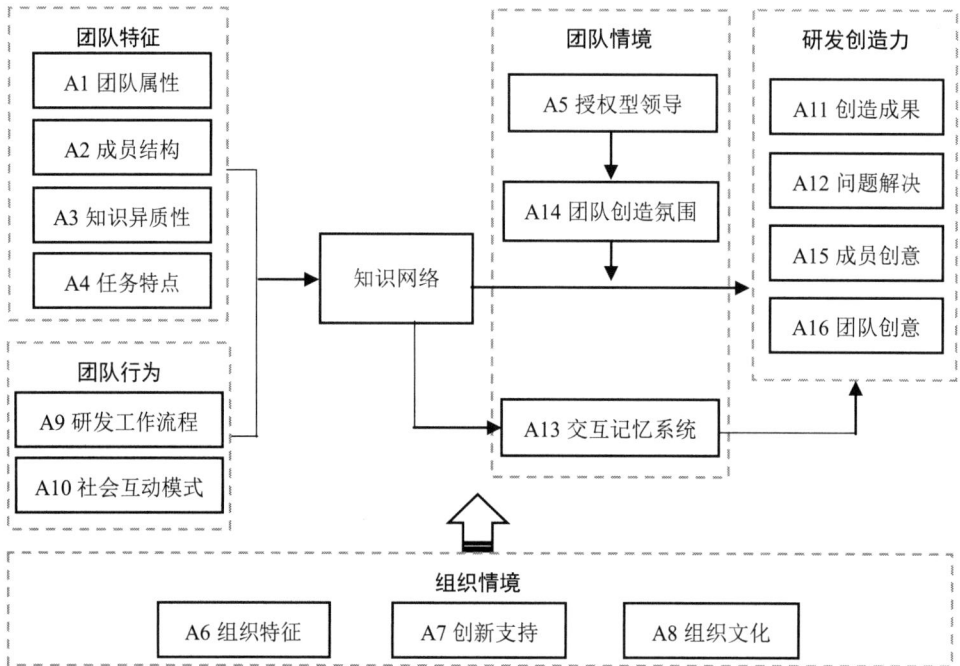

图 3-2　基于扎根理论的分析模型

3.4.4　信度与效度检验

为确保信度,本研究邀请两位研究生使用 Nvivo 软件参与全程编码。根据不同编码者在范畴化过程中的一致性系数(即 Kappa 系数),检验最后确立的各范畴的研究信度(科宾和施特劳斯,2015)。结果表明,除了两个范畴的 Kappa 值介于 0.50 至 0.60 之间,其余 14 个范畴的 Kappa 值均在 0.60 以上。因此,本研究将 55 个概念划归为 16 个范畴,具有较好的一致性。

同时,运用反馈法检验研究的效度,即研究者得出初步结论后通过与他人广泛分享来获得反馈意见。给予反馈的人既包括熟悉该研究现象的人,也包括不熟悉该现象的人,前者会根据自己的经验提出参考意见,后者则可能从一些意料之外的角度给研究带来新的灵感。本研究充分听取反馈者对编码条目和提取概念内涵及其关联度的评价意见，避免研究者的错误理解，保证访谈编码的有效性。

3.4.5　理论饱和度检验

运用扎根理论的方法，需要在建构相对系统的理论后，对其进行理论饱和度检验。如果该理论不饱和，则需要再进行额外的数据收集，确保研究所得到的理论真实可靠。理论饱和度检验的标准包括以下四个方面：①资料来源真实、可靠；②整个编码过程严格、合理；③建构的理论扎根于案例资料；④结合企业实践，确保结论合理、实用。本研究严格按照应用扎根理论的方法时有关案例资料、编码过程的相关要求，对保留的 3 份访谈材料进行了重新编码，结果显示未发现新的范畴和关系，因而可以认为本研究的理论模型中包含的各个范畴和编码达到了理论饱和的状态，研究所采集的样本也符合要求。

3.5　模 型 阐 释

利用研发团队产生创造性是组织创新的一种重要手段，而知识网络是研发团队获取创造力的有效途径。本研究采用案例研究的方法，考察了两个企业四个研发团队的知识互动情况。基于扎根理论的分析结果如下。

(1) 研发团队知识网络的形成与发展取决于个体、团队和组织等层面的诸多要素，这些要素既存在于团队、人员、知识、任务等静态的团队构成特征，又包含工作流程、社会互动等动态的团队行为。

(2) 研发团队知识网络会在交互记忆系统等团队认知的影响下，进一步作用于团队创造结果，具体体现在其关系特征与结构特征两个方面。

(3) 研发团队知识网络对创造力的影响还受到授权型领导等团队情境变量的

影响。授权型领导会通过团队创造氛围、团队成员自我创造效能等因素间接作用于团队创造力。

3.5.1 知识网络的形成因素

研究结果表明，影响研发团队知识网络形成的因素存在于个体层次、团队层次和组织层次。

(1) 个体层面的因素主要体现在团队成员特质方面，包括团队成员的人格特质和自我创造效能等。除了这些因素之外，本研究也获得了其他相关议题的信息，但因出现的频次较少，未对其开展深入的分析，例如创造型人才的甄选、创造力的开发与训练等。

(2) 影响研发团队知识网络形成的团队层面因素涉及团队属性、知识特征、成员结构、任务特点、研发工作流程、社会互动模式等。研发团队的显著特点是知识异质性。知识异质性和技术交流(或知识互动)在访谈资料中出现的频率最高，与其他范畴之间存在较多的联系。

(3) 组织情境的因素主要涉及组织特征、创造支持、组织文化等方面，这些因素为研发团队知识网络提供了必要的外部条件。组织的性质、规模和发展阶段对研发团队提出了不同的要求，每个组织能够提供的资金、人才、技术、信息等资源和宏观的组织文化都会对研发团队产生重要的影响。

结合团队层面的两类因素来看，既涉及团队、人员、知识、任务等静态的团队构成要素，又包含工作流程、社会互动等动态的团队行为要素。其中，最关键的因素是知识异质性和知识沟通。两个企业的研发团队虽然在专业或职能上存在名称不同的知识，但按照组织活动中知识的来源和用途来划分，可以将研发活动所需要的知识归纳为三类：技术知识、操作知识和业务知识。根据访谈资料统计，产品研发最需要的是技术知识，其次是业务知识，最后是操作知识。知识异质性对研发团队而言是非常重要的，"团队中专业的事情都有对口的人负责，在知识和能力方面形成互补" (G5 研发主管)。团队成员知识、专业背景之间的差异可以带来多样化的问题视角,研发团队对知识异质性的需求体现在研发流程的所有阶段。

研发团队成员之间在知识、专业、技术等方面沟通的重要性在访谈过程中被频繁提及。用布劳(Blau, 1964)的社会交换理论有助于识别这些可能影响团队成员的知识行为,进而影响团队的创造结果。社会交换涉及模糊的义务或责任,需要一定程度的信任才能发生交换。因此,信任对于知识互动关系的产生和维系尤为重要。此外,研究也表明,公平、承诺等在团队的知识互动关系的形成和维系中也起着重要作用。因此,研发团队知识网络是在群体知识合作过程中自然涌现的一种社会现象。

3.5.2　团队创造的认知倾向

为了最大限度地反映经验事实,需通过以上分析阶段的工作及根据访谈数据和观察到的现象,对团队层面的因素开展深层次的分析。研究发现,企业中研发团队成员之间涌现的知识网络可以从两个方面影响团队认知状态,即关系特征和结构特征。它们通过作用于团队的交互记忆系统,影响研发团队的创造结果,如图 3-3 所示。

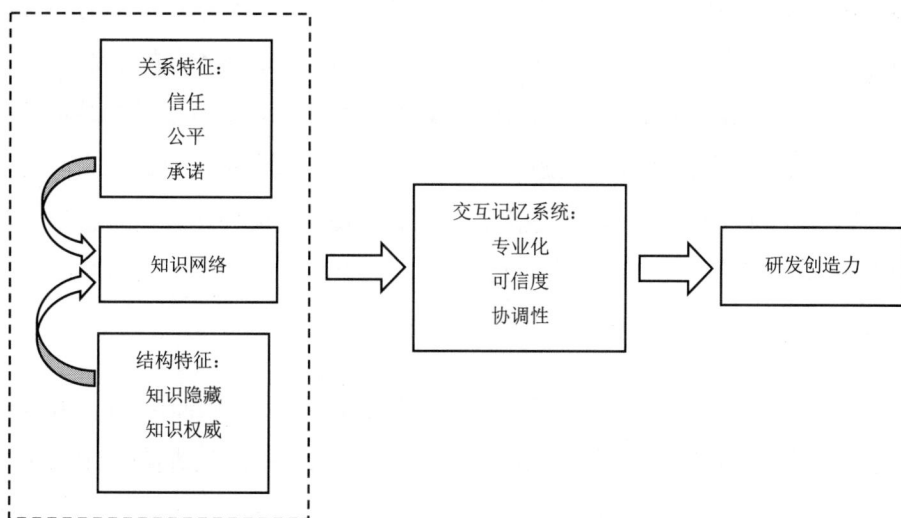

图 3-3　团队创造的认知倾向

研究发现，除了传统的关系强度之外，团队成员在交流专业、知识和技能等过程中还体现出信任、公平和承诺等关系质量方面的特征。团队知识互动关系的质量能促进员工的创造提升行为(即创造相关的行为)，具有高质量的知识互动关系的员工可能参与他们认为对组织更有益的行为。为了从异质性的外部知识中获益，这些员工更能识别那些值得信任的知识，准确地寻求知识帮助，使团队成员之间的知识合作更加协调，从而促进团队认知的发展。团队认知是一种有组织的认知结构，这种结构允许团队成员相互交流、分享、存储和检索关于任务与过程的个人及集体知识(Mesmer-magnus & Dechurch, 2009)。在某种程度上，它还涉及团队成员对于谁持有信息及其他团队成员在执行任务时需要什么知识。在交互记忆的背景下，知识交流是社会共享认知的一个关键方面。企业依赖团队内部的知识沟通来解决研发问题，交互记忆系统刻画了知识对一个群体的重要性，如知识如何在个人和群体之间呈现，知识在群体中的组织方式，以及知识如何在群体成员之间共享。

如果研发团队内的各类知识及其互动过程是可信任、可依赖的，那么团队会逐渐发展出有效的交互记忆系统，以提高研发团队的专业知识或技术的合作效率。例如，S 公司的一位受访者(S2)提到，"专业知识或技术都需要有专人负责，在研发过程中大家怎么配合很关键，我们团队发展到现在已经建立起一定的合作默契，大家相互信任和了解，知道哪个人掌握哪块知识，什么任务分配给谁最合适"。G 公司的某成员(G3)也在访谈中提到，"我们解决研发问题的方式主要是开展不定期的头脑风暴，有什么难题就抛出来由团队成员一起商量，对每个人负责的专业部分都比较信任，这种开诚布公的交流非常有效，总能快速解决问题"。因此，在重视创造的研发团队中，高质量的知识关系会鼓励员工积极参与创造相关行为，发展团队的交互记忆系统，进而促进团队创造力。

此外，知识分布决定了研发团队知识网络会呈现特定的结构特征。知识是构建新创意的基石，知识要素越多，认知差异往往越大。根据某成员(G5)所述，"就好像建设知识库一样，团队中大部分人得有自己专攻的方向，这些知识、技术对于产品研发都是必要的"。因此，潜在的团队认知要素来源的数量和广度会促进创造力的形成。创新受到相关信息的可行性，以及具有相同目标和利益的团队成员之间进行动态交流的条件等因素的影响。同样，索萨(Sosa, 2011)认为，沟通领域广泛的知识的互惠关系能够积极影响创造力的产生。研究发现，研发团队成员在知识互动过程中会表现出不同的行为，例如知识隐藏。知识隐藏是知识管理领域的一个新构念，描述了知识拥有者会采用佯装不知、含糊隐藏或合理隐藏等策略来隐藏自己的知识(Connelly, et al., 2012)。一位团队成员(S6)在访谈中提到，"刚开始进入这个团队的时候，很多专业的地方会向其他同事请教，有些人会很热心地帮助你，但也有些人可能只会粗略地说几句，一些细节的东西他不会告诉你"。该团队的另一位成员(S7)也指出，"两年多的工作中我学会了很多，做好自己本职工作，不断积累经验。自我学习是最好的办法，我们都这样，不是你想知道什么别人都会告诉你"。但也有不少受访者认为，他们团队互利互惠，有问题总能得到及时的帮助和解决。

此外，知识权威或关键研发者的角色也是研发团队知识网络内部普遍存在的结构。例如，S3 是他所在团队的高级工程师，在该团队工作已将近八年，他说："我基本上算是研发主力吧，很多关键的技术问题还得我来解决，大家遇到什么棘手的问题，最终总会反馈到我这里来。"团队成员的知识行为受到组织文化(开放还是保守)或个体因素(例如个性、知识、胸怀、威望、是否敢于突破和挑战)等因素的影响。如 S5 所言："我们实验室氛围比较好，年轻人多，大家能力也都差不多，有什么问题都能及时沟通解决。"当知识网络比较开放且知识分布较为均衡时，团队成员之间的知识关系会更具自治性或自主性，这对研发创造力是有益的；反之，则可能导致团队内部知识、信息的不对称和知识网络效率的低下，不利于形成有效的交互记忆系统，甚至可能破坏研发创造力。

有关独有信息的社会成本观(social costs of unique information)认为，提出独有信息具备风险，因为提出只有一个人知道的事实会被质疑，不容易被团队成员接受(Clark, Stephenson, Rutter，1986)，而且不会被视为团队决策中的重要因素。即提出独有信息有社会成本存在，提出的人必须保证它是正确且可信的，假如提出者没有意愿或能力证实该信息的正确与重要性，那么该信息会因没有被验证而被视为比较不可信，其他成员会轻视或忽略它，结果是该项信息在团队讨论中不易被重复提及(Larson, Foster-Fishman, Keys, 1994)。团队中常常不能充分交换独有信息，是因为成员不愿意提出和大家的共识相反的观点。地位较低者为维持自己的地位，会倾向讨论共享信息；而地位较高者所提出的独有信息更可能获得其他成员的正面回馈，因此相比低地位者他们会分享较多的独有信息。当团队中存在不同地位(status)且彼此陌生的成员时，地位较低或没有经验的成员产生信息偏差的可能性较高。另外，类似地位高低的概念，从团队领导切入的研究者有拉尔森等(Larson, et al., 1998)、克鲁兹和亨宁森等(Cruz & Henningsen, et al., 1999)。领导的风格会影响团队的信息加工与配置，与领导偏好相同的信息会主导整个团队讨论过程。

3.5.3　授权型领导的影响

根据访谈资料及范畴之间的关系，本研究认为授权型领导构成了研发团队知识网络中的一个重要的情境因素。多个访谈对象都提到授权型领导会对研发团队成员创造力带来一定的影响，根据这些资料所构建的潜在关系如图 3-4 所示。

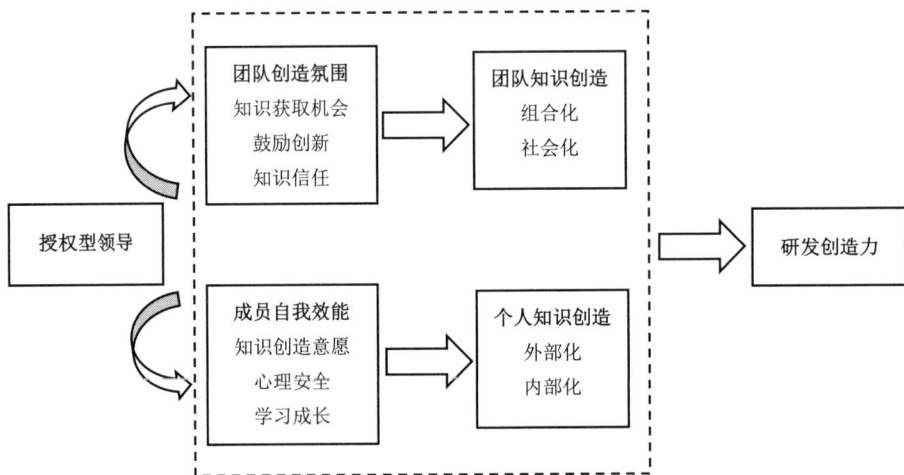

图 3-4　授权型领导的影响

在研发团队中，为了促进团队成员更有效地利用多样化的知识，团队领导必须扮演好知识网络建设者和知识互动促进者的角色，提高团队的创造成效。根据案例资料分析，授权型领导鼓励员工的自主行为、自我发展、参与目标制定，以及促进团队合作等(Cox & Sims, 1996; Manz & Sims, 1991)。通过塑造团队创造氛围及提升员工的自我效能感，有益于研发创造力的提升。

1) 团队创造氛围

授权型领导意味着领导范式上的转换，其理论基础是自我管理行为、认知行为调节、社会认知理论和参与目标制定研究等。在研发团队中，授权型领导可以激发员工的心理授权，提高员工的内在工作动机和参与创造活动的积极性，使员工发展适当的自我管理技能，以及促进员工之间的知识共享与沟通，给团队带来良好的创造氛围。

团队创造氛围是团队成员对于影响其创造力发挥的工作环境与氛围的一种共同的社会知觉。斯利瓦斯塔瓦等(Srivastava et al., 2006)从团队层面指出，授权型领导有效地提升了团队效能，促进了团队内知识共享行为，进而提高团队绩效。授权型领导的行为包括授权、给予信息、鼓励参与决策、鼓励创新、教导员工成长等方面，这些都有助于研发团队塑造创造氛围。在访谈中，G 公司的某员工(G4)提到，"我们团队能够有这样好的创造氛围是因为我们领导，他有这样的意识，自己做得比较好，然后就会影响我们每一个人"。同样，另一位员工(G6)也指出，"在研发中遇到困难的时候，我们主管经常会走在我们前面，带动大家思考应对的办法"。因此，授权型领导可以通过以身作则，塑造研发团队内部的创新支持与知识信任的氛围，增加团队成员的知识获取机会。在该过程中，既可以通过显性知识的积累与整合，促进团队层面组合化的知识创造过程，也可以通过隐性知识的转移与学习，推动团队层面社会化的知识创造效率，从而对研发创造力带来良性影响。

2) 成员自我效能

领导对员工的支持性态度是激发员工创造的重要因素。如果领导能够认真倾听甚至采纳员工的想法，员工会认为自己得到了领导的认同和重视，涉及工作积极性和自信心的自我效能感就会得到提升。正如受访者 S4 所说，"当然希望得到领导的重视，有时我会提出一些自己的想法或者意见，虽然领导不见得会采用，但会在团队会议中列出来让大家讨论，这样我会觉得思考这些问题是值得的，也更愿意在工作中提出自己的观点"。当然，领导对员工不能有过多的批判和质疑，不能降低员工的创造意愿，这将导致他们的抵触和不满。

授权型领导的管理理念是鼓励员工参与决策，而非独断专行，这样可以增进领导者与员工之间的关系，拉近二者之间的距离，让员工建立心理安全感。"根据每个人的能力，可以安排他们更大的工作空间，适当放开，让他们有机会参加一些公司层面的重要的研讨会"(S5)，这样有利于倾听员工的想法，传递信任和安全的信号，提高他们的工作热情。员工不会担心因自己的某些行为而影响自己的地位和发展，进而使得员工在做出知识分享决策时更轻松，态度更积极，有助于促进团队的知识传递和转移，以及提高成员在研发工作中的主动性和积极性。

此外，授权型领导的作用还表现在帮助员工进行知识学习与成长方面。"人应该在压力中成长，压力会激发你去学习新的东西……通过一些挑战性的工作去激发他们的能力"(S2)。G 公司的员工也提到，"主管会带我们参加一些重要的研讨会，可以了解行业发展及前沿技术，这些都是很好的学习机会"(G4)。而且，"(领导)比较正能量，在工作中以鼓励为主，大家就会保持干劲"(G2)。一旦员工的能力得到认同，他们在面对以后的问题时会表现出更加乐观的知识学习行为。个体成员的知识创造是研发创造力的基础，这既体现在他们将模糊知识清晰表述为新产品、新工艺或新概念的外化模式之中，也反映在他们吸收明晰知识并将其进行拓展、延伸或重构为新的隐性知识的内化过程之中。

总之，研发工作中的知识创造是一个复杂的心理过程，是团队和个体等多层面因素综合作用的结果。授权型领导标志着领导范式的转换，强调的是员工的自我影响，而非自上而下的外在影响(Manz & Sims, 1991)，与其知识行为密切相关。在研发团队中,采用授权式行为的领导始终相信员工是智慧和创造力的重要来源,给予其一定的自我领导(self-leadership)与自我管理的空间,这对于研发创造力而言是有益的。

3.6 研 究 结 论

本研究通过对两个公司案例资料的现象定义(即贴标签过程)、概念化与范畴化等分析步骤，将 142 个标签归纳为 55 个概念，并且进一步提炼为 16 个范畴。

开放性编码为后续的数据分析奠定了基础。在主轴性编码阶段，通过类比分析及典范模型，比较这些范畴的概念内涵与因果关联，挖掘范畴之间的潜在关系。在选择性编码阶段，结合以往研究进一步概括了"研发团队知识网络"这一核心范畴的理论分析框架，囊括案例资料和所有主、副范畴。

在研发团队中，只有具有差异性专长或知识的成员共同合作，才能创造新知识、开发新产品或提供新服务。其知识网络是团队知识共享和想法形成的重要载体，相对于一般团队而言有着更为重要的意义。研究结果表明，研发团队知识网络的形成与发展取决于个体、团队和组织等层面的诸多要素。个体层面的影响因素包括团队成员人格特质、自我创造效能等；团队层面的因素包括团队属性、成员结构、知识异质性、任务特点等静态的团队特征，以及研发工作流程、社会互动模式等动态的团队行为；组织层面的要素则包括组织特征、组织文化、创新支持等。

对于团队成员之间社会关系与获取异质性知识的过程，以往有关知识网络与团队创造力的研究给出了不同的解释，但其中的解释因素并未得到充分探索。例如，汉森(Hansen, 2007)虽然指出了个人的社会关系或知识关系对创造力的重要作用，但未揭示团队内部的作用过程或认知机制，难以刻画研发团队成员所经历的知识网络的复杂程度。本研究表明，当团队成员充分共享知识与信息时，知识网络可以带来信息获取、相互信任、帮助或支持及创造成果等更多的机会，有益于交互记忆系统的发展，以及增加团队创造行为的范围、深度和速度。研究知识网络对团队认知的潜在影响，有助于深入理解知识网络的作用机制，以及准确识别团队创造中有价值的知识行为及其作用路径。

此外，本研究也从团队行为的视角揭示了授权型领导是影响知识网络作用发挥的一个重要情境因素，它会通过直接作用于团队创造氛围而影响团队的创造成果。萨恩斯等(Sáenz, et al., 2009)研究表明，技术密度越高，以 IT 为中心的知识共享对创新绩效的影响越小，但以人为中心的知识共享对创造或创新绩效的影响也就越大。为了促使团队成员更有效地利用多样化的知识，团队领导必须扮演好知识推动者的角色，提高团队的创造绩效。授权型领导意味着领导范式上的转换，其理论基础是自我管理行为、认知行为调节、社会认知理论和目标制定参与等，强调的是员工的自我影响，而非自上而下的外在影响。在研发团队中，采用授权式行为的领导会相信员工是知识和创造力的重要来源，强调自我领导，重视自我管理和自我控制，这样可以塑造研发团队信任与支持的氛围，有利于团队创造力的发展。

总之，研发是一个将多样化的知识领域集合起来以解决复杂问题，并取得新颖、有用且符合既定目标的新技术或新产品的过程。研发团队的知识网络在该过程中起着至关重要的作用。在团队成员的知识网络情境中，研发创造力既是团队认知过程的结果，又与交互记忆系统息息相关；同时，研发创造力也是集体社会行为的结果，与团队的领导方式存在密切联系。对于研发团队中人与人在不同的复杂知识领域之间建立关系的过程，以及它们所带来的不同影响，值得我们在后续研究中去深入探索。

第 4 章

知识网络的结构特征对团队
创造力的影响

4.1 问 题 提 出

团队创造力是组织创新的重要驱动力，大量学者及管理者致力于探究如何提升团队创造力的问题。早期研究聚焦于理解创造力相关的个性特征的影响，近年来，人们更加倾向于关注社会环境和社会过程对团队创造力的作用。这些研究主要关注了一系列情境因素，例如奖励、评估情境等。契克森米哈赖(Csikszentmihalyi, 1988)及派瑞史密斯和沙利(Perry-Smith & Shalley, 2003)等学者强调将创造视为一个社会过程，关注团队创造过程中外显的社会行为可以提升人们对"在高度互动的工作环境中如何提高创造力？"这一问题的理解。考虑到知识关系是大部分研发工作者所处的正式或高度互动的工作环境中的重要内容，探索知识网络对研发团队创造力的影响是一个重要的研究主题，高质量的知识互动关系可以积极影响员工的创造行为和态度，分析知识互动的网络关系有助于理解团队创造力的提升方式。

在研发团队中，任务知识的复杂性和知识互动的多样性使其知识网络呈现特定的结构，它与个体或团队创造力密切相关(Mário & Lurdes, 2020; Kim & Song, 2021)。目前，个体水平上的知识网络研究已受到广泛关注(Perry-Smith & Shalley, 2003; Cross & Cummings, 2004)。网络结构可以影响知识转移，例如个体所处的网络位置会决定他们所能接触的网络内部的知识流量(Paruchuri, 2010)。占据网络中心位置或结构洞可以更加方便快捷地获取新颖的、多样化的知识和信息，使知识协调性更高且知识转移风险更低(Rowley, et al., 2005)，对其他成员的控制能力也更强，有利于创造力的发展(Tang, Zhang, Reiter-Palmon, 2020)。然而，在团队水平上，对于团队呈现的整体性结构特征的分析则较少，如团队点度中心性或团队中介中心势等网络特征如何影响团队创造力的问题仍未可知。相比之下，团队数据的收集、关系检验等实证分析环节的难度会更大。

本质上，创造是一个认知过程(Nijstad & Stroebe, 2006)。当团队具有多样化的任务信息时，团队成员之间的任务信息交换会逐渐发展一些特定的团队认知或涌现状态(即影响团队过程或受团队过程影响的共享心理状态，Anderson, et al., 2014; Hülsheger, et al., 2009)。例如，研发人员需要在定义和构建任务问题的基础上，搜索并加工与问题相关的知识或信息，以产生一系列新颖的解决方案，这些行为都与团队认知息息相关。以往大量研究探讨了团队在任务执行过程中的信息搜索与利用过程，使交互记忆系统(transactive memory system，简称 TMS)越来越受到人们的关注(Peltokorpi & Manka, 2008; Ren & Argote, 2011; Bachrach, et al., 2019)。它被定义为团队成员之间形成的一种特殊的认知劳动分工系统，用以获取、存储和应用差异化的信息或知识(Wegner, 1986)。交互记忆系统理论表明，相互依赖的团队成员通过不同专业领域的分工，将彼此作为外部认知资源，能够储备更多的信息。

因此，团队交互记忆系统是团队创造力形成的微观基础，是经过内化的、有组织的多元知识与信息，其知识配置或信息组合模式可以推动团队工作习惯和研发能力的改进。其中的异质性知识资源和专业化分工能帮助团队打破原有的知识边界，协调不同的知识经验，提升集体认知结构。在成熟的交互记忆系统中，团队成员理解"谁具有哪些专业化的任务信息"(即专业化)，相信这些信息是可信赖的(即可信度)，以及能够有效地组织这些信息(即协调性，Lewis, 2003)。当团队成员承担起不同信息领域的专家职责，而且其他成员视其为专家，并开始依赖他们的专长时，交互记忆系统就会得到发展。因此，研发团队知识网络也会影响团队知识表征和集体信息加工模式(如交互记忆系统)，进而影响团队创造力。当前有关知识网络如何影响创造力的研究相对有限，其中很多过程机制还有待探索(Burt, 2004)。例如，知识网络是否会影响团队认知的发展，如何影响团队创造成果，以往研究并没有阐明这些方面的问题。尽管知识沟通在交互记忆中扮演着核心角色(Yan, et al., 2020; Peltokorpi & Hood, 2018)，但由于跨学科的研究中关注了广泛的沟通结构和其他因素，因此对于这个主题的实证研究显得支离破碎。

因此，本研究对高新技术企业中的大量研发团队开展调查，试图从微观的团队认知视角探索知识网络的重要结构特征，及其影响团队创造力的机制。尤其从团队层面关注了知识网络的两个重要特征，即团队点度中心性和团队中介中心势。前者强调网络中团队成员与其他成员的直接知识互动关系的整体分布特征，后者则涉及团队内部信息流通或知识配置的选择性或不均等性。本研究的意义体现在：一方面，将研发团队视为一个信息加工实体，构建"知识网络—团队认知—团队创造力"的新型分析框架，有望丰富和拓展团队创造力领域的研究成果；另一方面，将立足于企业知识管理实践，帮助管理者掌握和利用团队中的重要知识资源，提供有助于改善团队知识互动和提升创造力的相关管理建议。

4.2　理论与假设

4.2.1　知识网络点度中心性与团队创造力

大量学者发现，知识网络和创造力之间有着密切的关系 (Fleming, Mingo, Chen, 2007; Madjar, 2008; Perry-Smith, 2006; Shalley & Perry-Smith, 2001)。作为一系列节点和一系列联结的集合，网络代表节点之间的关系。研发团队的知识网络是团队成员及其工作相关的知识共享关系的结果。根据社会网络理论，存在三种主要的主体中心性：接近中心性(closeness centrality)、点度中心性(degree centrality)和中介中心性(betweenness centrality)。接近中心性意味着一个行动者到达网络中的其他所有人，平均需要花费多少步(Costenbader & Valente, 2003; Perry-Smith & Shalley, 2003)。点度中心性即关联某一个行动者的成员数量(Freeman, 1979)。中介中心性指的是网络中其他节点之间的最短路径依赖某一行动者的频度(Freeman, 1979)。

在一些研究中，人们发现网络中心性有助于解释个体创造力(Hansen, 1999)，尤其是与知识背景不同的人沟通和互动会提高创造力(Amabile, 1996; Ford, 1996; Woodman, et al., 1993)。技术知识的开发伴随着差异化知识整合的过程，研发团队知识网络是团队成员工作相关知识共享的结果，根据社会网络理论，知识网络中心性会受到员工知识关系的影响。团队成员最可能从他们所信任的人那里寻求信息，这些人会为他们提供相关的专业建议(Borgatti & Cross, 2003)；当他们选择工作搭档时，也会倾向于选择那些支持他们的、口碑好的、能干的人。而且，网络中心性更高的行动者或个体会获得更丰富、更异质性的内部知识(Burt, 2004)。因为网络中心性和有价值的资源之间存在密切的关系，更高的网络中心性会增加团队成员获取和整合异质性知识的能力与机会，进而带来更高的创造力(Tang, Zhang, Reiter-Palmon, 2020; Rese, Görmar, Herbig, 2022)。

然而，团队创造力不是个体创造力的简单积累(Woodman, Sawyer, Griffin, 1993)。多样化知识只有在所有团队成员之间充分共享，才能实现其总体价值。目前，大部分研究关注于个体的网络中心性，认为个体网络中心性与个体绩效积极相关(Leenders, van Engelen, Kratzer, 2003)。一位中心性高的个体可能具有获取信息、积累工作相关知识、创造与创新等方面的更强的能力。与个体中心性不同，团队知识网络点度中心性可以反映团队成员网络位置的整体分布水平，对于团队创造力而言更为重要。团队点度中心性(team degree centrality)体现了团队内所有成员的知识互动积极性，反映了整个团队知识共享的活跃程度。当大部分成员都拥有一个中心化的知识网络结构时，团队整体的知识网络点度中心性水平较高，其知识配置模式是扁平化的(Hung, Kuo, Dong, 2013)。因此，团队成员能够与其他同事建立密切的知识关系，能够直接、充分地扮演知识交换的角色，这会为该团队带来更强的知识互动基础，有利于团队创造力的提升。因此，本研究认为，研发团队知识网络点度中心性和团队创造力密切相关，提出的假设如下。

H1：研发团队知识网络点度中心性对团队创造力有积极影响。

4.2.2 交互记忆系统的中介作用

团队创造力研究中存在的一个普遍假设是，团队成员具备共享的任务信息，以及存在特定的团队过程或涌现状态，例如共享心智模型(team mental models, TMM)和交互记忆系统。共享心智模型被定义为团队成员共享的有关团队环境关键要素的一种有组织的心智表征(Mohammed, et al., 2001)。具体而言，共享心智模型指的是团队成员共同具有的信息或知识结构；而交互记忆系统的概念包括对其他成员的理解，尤其是与团队成员之间互补或不同的特定知识和专长，指的是团队中知识或信息的分布，以及关于"谁知道什么"的共享意识(Wegner, 1986)，是一种团队水平的知识共享和记忆系统。

尽管这两个团队认知构念都是团队绩效的重要前因(Mohammed, et al., 2001; Peltokorpi & Hood, 2018)，但本研究只关注了交互记忆系统，因为交互记忆系统区别于其他类型群体认知的一个特征是，它具有共享和分化的知识成分(Lewis & Herndon，2011)，强调了专业化和共享的专长意识，更符合研发团队的工作需求。布兰登和霍林斯赫德(Brandon & Hollingshead, 2004)指出，"当知识基于团队成员的实际能力进行分配，且所有团队成员对知识系统具有相同的表征时，团队成员能满足他们的预期，交互记忆系统则最有效率"。换句话说，当团队成员具有交互记忆系统时，他们能够更容易地获得解决问题的相关知识。

团队成员专业知识的多样性不同于交互记忆系统中的知识专业化结构。专业知识的多样性代表了团队组成的一个初始特征，反映了每个团队成员在开始共同工作之前的技能、知识和培训领域(Todorova, 2020)。然而，交互记忆系统的专业化是团队成员在一起工作时发展起来的，它指的是特定任务的知识责任。交互记忆系统通过编码、存储和检索过程形成和发挥作用(Wegner, 1986)。在编码阶段，团队成员通过制作、定义和更新他们对每位成员的专长而明白"谁知道什么"。在组织团队中，领导者会明确分配专长领域(Peltokorpi & Manka, 2008)。一旦团队成员接受了特定领域专长的责任，就能够通过信息加工和存储将这些专长知识传递给彼此。知识密集型团队会形成差异化的交互记忆系统，其中不同的团队成员具有不同的任务(Liang, et al., 1995)。这种专业化降低了知识冗余，使团队能储备更多的相关信息。在发展良好的交互记忆系统中，专业的任务信息必须是可信赖的、协调良好的(well-coordinated, Lewis, 2003)。专长化(specialization)指的是团队内部的记忆差异化程度，可信度(credibility)指的是团队成员对其他成员任务信息可靠性的信念，协调性(coordination)指的是团队成员有效共事的能力(Lewis, 2003)。当两个或两个以上团队成员相互合作以检索他们专有的任务信息时，便会发生交互检索(tansactive retrieval, Wegner, 1987)，即团队成员通过识别相关领域的专家，检索他们所需要的任务信息，将彼此视为外部知识援助(Yan, et al., 2020)。

知识网络是研发团队的工作基础，团队成员之间积极的知识互动关系可以推进交互记忆系统的发展，有利于团队建立良好的合作关系，促进新想法的产生(De Dreu & West, 2001)。严等(Yan, et al., 2020)全面综合了 64 项关于知识沟通和交互记忆系统的实证研究，结果表明：①TMS 是通过专业知识交流形成的；②TMS发展过程中，随着交流分配信息和协调检索的不断增加，促进信息交流；③团队通过沟通学习更新 TMS。当研发团队的大部分成员之间存在大量积极、活跃的知识互动关系时，团队知识网络点度中心性水平就会较高，团队中的知识交流参与度和互惠性也会较强。这种积极的知识互动氛围可使团队成员在合作中更容易获得同事的支持与信任，以及一系列其他益处，例如专长共享、任务协调、信任氛围等(Krackhardt, 1992)。人们最可能从他们所信任的人那里寻找信息或获取与工作相关的专业建议，在寻找工作搭档时他们也会倾向于选择那些支持他们的、能够为其提供知识帮助的人(Borgatti & Cross, 2003)。当大多数团队成员都处于中心化位置时，团队会有更多的平等对话空间，能够更好地开展专长分工、协调与知识合作(余维新，等，2020；Zhang, Wang, Hao, 2020)，这些都有利于团队交互记忆系统的发展。

以往的研究表明，交互记忆系统可以提高团队创新能力(Peltokorpi & Manka, 2008; Wegner, 1987)，因为团队成员可以从专业化知识的总量，对专长分布的共识，以及与互补性知识的结合等方面获益。团队成员之间频繁的知识讨论可以产生创造性、创新性的结果。通过这些讨论，不同成员具备的差异化的、互补性的任务知识有机会以新的方式结合在一起。除了形成的专长共识之外，团队成员还需要有效协调其知识行为，并相信他人的知识是可靠的，才能将其创造力最大化发挥。在具备成熟的交互记忆系统的团队中，其成员具有更准确和更广泛的专长分布共识，这种团队往往能更有效地结合和利用成员差异化知识(Gino, et al., 2010)，产生更高的团队创造力。

基于以上讨论，本研究认为研发团队交互记忆系统与团队创造力积极相关，交互记忆系统在研发团队知识网络点度中心性与团队创造力之间起中介作用。假设如下。

H2：交互记忆系统对团队创造力有积极影响。

H3：交互记忆系统在团队知识网络点度中心性与团队创造力之间起中介作用。

4.2.3　团队知识网络中介中心势的调节作用

在网络分析中，团队网络的中心势不同于个体行动者的中心性。行动者中心性指的是行动者在网络中相对于他人的位置，与整体网有关。团队中心势指的是每个团队成员网络关系的方差(Sparrowe, et al., 2001)，反映了团队互动集中于少数人的程度，而不是平等分布于所有成员之间。事实上，知识网络中的沟通行为并不总是意味着真正的专业知识交流。例如，团队成员在参与知识交流时可能会犹豫，并在与地位较高的人交谈时表现出不自信。在某些情况下，权威专家也可能不想表露他们的专业知识，以避免分配额外的工作，或者影响自己的地位和发展。

在研发团队中，如果少部分团队成员处于大多数人的知识关系路径上，那么这部分成员就具有更高的中介中心性，更容易控制团队知识互动，而其他人的交往需要通过他们才能进行。某一行动者的中介中心性关系到其获得和应用相关信息以有效解决问题的能力(Mehra, Kilduff, Brass, 2001)。因此，它反映了每个成员占据结构性优越位置的程度。一个人的中介中心性越高，其作为关联网络中其他人的结构性通道的程度越高。因此，中介中心性测度的是行动者对资源信息的控制程度。如果一个点处在其他点的交通路径上，则该点的中介中心性就更高。目前，大部分研究关注于个体中心性，且发现个体中心性与个体问题解决效率相关(Mehra, Kilduff, Brass, 2001)。一位中心性高的个体可能具有更强的获取信息、积累工作相关知识、创造与创新等方面的能力。但在团队水平上，知识网络中介中心势(team betweenness centrality of knowledge network)反映了该团队专有信息或重要知识的整体转移能力(Tang & Ye, 2005)。较高的团队网络中介中心势，表明团队成员对特定知识的转移能力差异较大，即团队中的知识资源集中于少数人之上，而不是均等分布于所有成员之间。本研究认为，团队知识网络中介中心势可能会影响交互记忆系统的作用发挥，不利于团队创造力。

交互记忆系统对团队创造力的贡献取决于团队的知识转移和专长协调的能力。一方面，团队知识网络中介中心势反映的是团队中知识转移的主导程度，团队知识网络中介中心势较高时，团队成员对团队内知识转移主导程度的差异性会比较大，团队可能过于依赖某些"重要的"成员。这种知识依赖性可能会降低研发合作意愿，削弱团队成员之间的关系，破坏团队凝聚力，进而减弱团队内的知识流动(Reagans & McEvily, 2003)，影响团队成员获得准确知识并将其转化为创造力的能力(Leenders, van Engelen & Kratzer, 2007)。迈克尔森等(Michaelsen, et al., 1989)以团队课业学习为实验情境的研究发现：在97%的团队中，团队整体对于困难而复杂问题的解决能力优于团队中最优秀的个体决定。当面对复杂而困难的问题时，通过团队运作的综合效果，能使集体绩效超过个人表现。团队知识网络中介中心性的结构会提高依赖性，但反过来会降低研发合作。当团队成员处于依赖性的关系中时，没人能够控制团队成员的合作结果，而且对团队无贡献的成员也能获利(Molm, 1994)。高中介中心性会降低团队成员之间的关系，破坏团队凝聚力，而这反过来也会减弱团队内的知识流动(Reagans & McEvily, 2003)。里恩斯(Leenders)及其同事(2003)发现，低水平的团队互动中介中心性对于团队创造力而言是最优的。

另一方面，较高的团队网络知识中介中心势说明大部分团队成员的知识联结都需要通过一小部分核心的"中介"人员来实现，导致团队成员之间的知识互动关系不平衡和专长识别受阻，影响团队内部的专长目录开发与任务知识协调(Leenders, van Engelen, Kratzer, 2003)，从而不利于获得团队创造力。汤超颖和高嘉欣(2018)指出，网络中某个节点的中心性越高，表明有大量的节点与该节点建立了直接连接，有助于个体以更低的成本和更快的速度获取与创新相关的信息：知识要素的分布信息、领域发展趋势方面的信息，以及研究者个人特质与研究者之间合作的信息(Wang, et al., 2014)。但是，位于中心地位的主体倾向于探索熟悉的知识领域，以维持现有的核心地位和影响力，因为引入新的知识要素会使其中心地位受到威胁(Hemphälä & Magnusson, 2012)。因此，位于中心地位的主体更容易受到经验的束缚，跨界搜寻的意愿低(Wang, et al, 2014)。拥有较多外部联结的个体，低网络中心性可以帮助他摆脱网络内认知视角或思维模式的束缚，从新的认知视角理解和重组知识，以促进知识创造(Perry-smith, 2006)。团队内部的知识交流是团队获取知识的一个重要前因。知识获取、知识同化和知识整合是吸收能力的三大要素，而吸收能力是知识与研发创造力之间的一个重要的调节变量(Cohen & Levinthal, 1990)，团队的中介中心性可能会因降低团队吸收能力而影响团队创造力。因此，团队知识网络中介中心势是交互记忆系统与研发团队创造力之间的一个重要的调节变量，能通过影响团队成员的专长互动和任务协调而影响团队创造力。

此外，团队知识网络中介中心势能减少对团队成员专长的信任。网络中介中心性是权力的来源，中心成员具有更大的影响力(Brass, 1984; Friedkin, 1993)，被认为有更高的身份(Ibarra, 1993; Ibarra & Andrews, 1993)。高中介中心势网络会减少非中心个体的自治性，造成人际沟通距离，降低成员之间的知识信任与合作，不利于交互记忆系统发挥作用。一旦缺乏必要的自治性，团队成员便会失去挑战团队共同知识的积极性(Hennessey, Amabile, 1990)，进而减弱构建团队共同知识的机会和能力，降低团队创造力。具有个人自治感的个体更具创造力(Barron & Harrington, 1981; Liu, Chen, Yao, 2011)。崔(Choi, 2007)发现，由身份迥然不同的人员组成的工作小组，要比身份相似的成员组成的小组表现出更少的创造行为。马伦、约翰逊和萨拉斯(Mullen, Johnson, Salas, 1991)发现，当团队在想法形成过程中出现权威人物时，团队会产生更少的创意。他们的解释是，普通成员对绩效的担忧和权威人物的压力会导致创造性任务的绩效更低。因而，只有充分信任和理解他人的知识或专长，才能充分发掘交互记忆系统的潜力，促进团队创造力的发展。

因此，团队内较高的知识网络中介中心势不仅会阻碍团队内的知识互动与知识整合，而且还会影响交互记忆系统的发展及维护，这些都使得研发团队不能完全发挥出其应有的优势，难以提升其创造潜力。基于此，本研究提出如下假设。

H4：研发团队知识网络中介中心势对交互记忆系统与团队创造力之间的关系起调节作用。具体而言，团队知识网络中介中心势越低，交互记忆系统与团队创造力之间的积极作用越强；团队知识网络中介中心势越高，交互记忆系统与团队创造力之间的积极作用越弱。

根据以上假设，本研究构建的变量关系模型如图 4-1 所示。

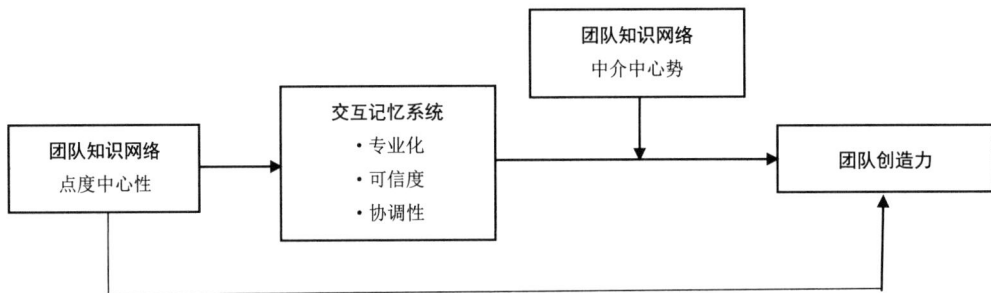

图 4-1　变量关系模型

4.3　研　究　方　法

4.3.1　被试和程序

本研究的调查样本主要来自上海市杨浦区、奉贤区、浦东新区等地的高新技术企业，涉及通信、互联网、生物医药、汽车等行业。这些企业具有创新型、研发密集型的特征，拥有数量较多的研发团队，便于本研究的开展。在联系了 20 个企业后，有 17 家同意并配合完成调研。

在企业联络人和团队领导者的帮助下，获得相关研发团队的成员名册，以便有针对性地开展调研。在团队知识网络调查问卷中，需要预先在问卷表格中列出各个团队的主管和所有成员的名字，以收集网络数据。在工作休息时间，将问卷派发给所有样本团队人员，邀请其作答。为了使被试能够自由、坦诚地回答问题，研究者强调该项调研仅仅用于学术研究，其中的所有个人信息都会保密。在问卷作答完成后，研究人员立即收集这些问卷，并赠送相应的小礼品。本研究调查了 57 个研发团队，共发放了 359 份问卷，涉及 302 位团队成员和 57 位团队主管。通过剔除问卷回答不完整及团队成员参与率低于 80% 的样本，最终获得 52 个团队的相关数据(包含 283 名团队成员和 52 名团队主管)。

4.3.2 变量测量

在研发工作环境中,团队创造力指的是团队产生的有价值的、有用的新产品、新服务、新想法或新工艺等(Woodman, et al., 1993)。本研究采用了德尼森等(Denison, et al., 1996)所开发的量表,包括"我们团队经常尝试用不同方法来开展工作或解决当前问题""我们团队在考虑新的和更好的工作执行方式上,有着高度的想象力"等 3 个题项,根据利克特 7 点量表进行测量。

在测量团队知识网络中心性时,需要先通过团队主管获得团队成员名单,在问卷中询问员工向谁寻求帮助(参见附录 C),即请被试回答:"当您在工作中遇到困难时,您会在多大程度上从以下成员那里寻求信息或知识帮助?"该问题采用 5 点量表进行测量,数值从 1(从不)到 5(总是)。在计算团队知识网络的中心性时,根据所收集的数据,利用 UCINET 软件构建社会网络矩阵,创建社会关系变量。如果被试之间的回答彼此匹配,且仅仅在两个成员同时对彼此的评价都大于"3"时(即双方的评价都是"较多"或"总是"),则该知识关系是可以被接受的(Hansen, 1999),然后以此构建团队知识网络,确保本研究的测量效度。

在测度本研究的团队知识网络点度中心性时,首先计算了每位团队成员的点度中心性,即每位成员在该研发团队中的网络关系的数量(公式 1)。点度中心性表示行动者直接接受的知识总量。一个团队成员的中心度越高,他拥有的知识来源就越多。本研究关注了每位团队成员的入度(in-degree),即由他人发起的社会关系,这样可以避免自我报告的局限(Sparrowe, et al., 2001)。然后,对数据进行标准化处理,以便在不同规模的研发团队之间进行比较(公式 2)。最后,计算所有团队成员入度中心性的均值,并以此度量团队的知识网络点度中心性。相关计算公式如下。

$$C_{Di} = \sum_{j=1}^{n} X_{ij} \qquad (1)$$

$$C'_{Di} = \frac{C_{Di}}{n-1} \qquad (2)$$

其中,C_{Di} 为团队成员 i 的度数中心性,C'_{Di} 为团队成员 i 标准化后的度数中心性。X_{ij} 代表行动者 j 是否从行动者 i 那里获取信息或知识，用 0 或 1 表示。n 是团队网络中参与者的数量。$n-1$ 表示节点 i 与其他节点相连的最大关系数。

根据弗里曼(Freeman, 1979)提出的群体中介中心势的计算方法，在测度团队知识网络中介中心势时，首先计算每位团队成员的中介中心性(公式 3)。中介中心性是关联两个独立个体的一个指标，表明其对团队网络中知识资源的控制程度。然后，对数值进行标准化处理，以便在不同规模的研发团队之间进行比较(公式4)。最后，计算团队网络的中介中心势(公式 5)。在网络拓扑结构中，其含义是在一个图形中，中介中心性最高的节点与其他节点的中介中心性的差距。差距越大，团队中介中心性的数值越高，说明该团队被划分成数个小团体而且彼此之间的沟通过度依赖于某些节点，这些节点在团队中尤为重要。相关计算公式如下。

$$C_{Bi} = \sum_{j<k} g_{jk(i)} / g_{jk} \tag{3}$$

$$C'_{Bi} = \frac{2C_{Bi}}{(n-1)(n-2)} \tag{4}$$

$$C_{Bi} = \frac{2\sum_{i=1}^{n}(C'_{B\max} - C'_{Bi})}{n-1} \tag{5}$$

其中，C_{Bi} 为节点 i 的中介中心性，C'_{Bi} 为节点 i 标准化后的中介中心性，C_B 为团队网络的中介中心势，g_{jk} 表示节点 j 到节点 k 的最短路径的数量，$g_{jk(i)}$ 表示节点 j 经节点 i 到节点 k 的最短路径的数量，n 是团队网络中参与者的数量。

交互记忆系统的测量采用的是路易斯(Lewis, 2003)和张钢等(2007)的成熟量表，包含 15 个题项，它将交互记忆系统划分为三个维度：专长、可信和协调。专长是指个体所掌握的信息是否存在差异化和专业化；可信是指在解决问题或者完成任务时，个体是否相信他人所拥有的信息；协调是指团队如何协调个体所拥有的知识和信息，实现分工协作，共同完成任务。这三个维度的信度和效度在以往的研究中已经得到证实，并且在有关交互记忆系统的理论和实践研究中得到广泛应用。变量问卷设计用利克特 7 点量表，从 1 到 7 表示为从"非常不同意"到"非常同意"。

以上所有问卷题项都是参照布里斯林(Brislin, 1970)的量表，先将其翻译成中文，在与其他研究者交流后改进了一些表达。然后，在不了解原始英文题项的情况下，另选他人将这些中文题项进行反向翻译，并在讨论中逐步完善，确保能够准确表达其初始意义。

根据以往经验，本研究选择三个控制变量，包括团队规模、团队会议频率、团队成立年限等。首先，研究表明，团队规模会影响交互记忆系统的发展(Jackson & Moreland, 2009)和团队创新(Hülsheger, et al., 2009)。其次，因为团队会议频率可以促进团队创新(Drach-Zahavy, Somech, 2001)，所以我们通过调查团队成员和领导来评估团队会议的频率。最后，团队所处的发展阶段与该团队的工作流程和任务协调性等相关，这可能影响团队交互记忆系统的发展。

4.4　数　据　分　析

4.4.1　结构效度与数据聚合

为了检验判别效度，先应用 AMOS 软件对个体数据执行三个模型的验证性因子分析(CFA)。本研究比较了四因子模型(包含团队点度中心性、交互记忆系统、团队中介中心势和团队创造力四个变量)、三因子模型(将交互记忆系统和团队创造力概念化为一个因子)和单因子模型。结果表明，四因子模型的 χ^2/df 值为 2.12，CFI 值为 0.97，RMSEA 值为 0.03；三因子模型的 χ^2/df 值为 5.87，CFI 值为 0.83，RMSEA 值为 0.11；单因子模型的 χ^2/df 值为 8.14，CFI 值为 0.62，RMSEA 值为 0.25。因此，相比三因子模型和单因子模型，四因子模型具有更好的拟合效度。

由于本研究所采用的变量用于团队水平的分析，在分析数据之前，还需要先计算交互记忆系统和团队创造力的组内一致性系数 R_{wg}(James, DeMaree, Wolf, 1984)、组内相关系数 ICC(1)(James, 1982)和 ICC(2)(Bartko, 1976)。结果表明，交互记忆系统的 R_{wg} 值为 0.83，团队创造力的 R_{wg} 值为 0.87，两个变量的组内一致性均在 0.70 以上，表明了较好的聚合效度(Bliese, 2000)。交互记忆系统的 ICC(1) 值为 0.34，ICC(2)值为 0.71，团队创造力的 ICC(1)、ICC(2)值分别为 0.38、0.65，两个变量均高于 ICC(1)的临界值 0.12 和 ICC(2)的临界值 0.60。因此，本研究能够将个体数据的平均值应用于团队水平的分析，具有合理性。

4.4.2　描述性统计

根据所收集的研发团队样本数据，男性被试占 69%，女性被试占 31%；在年龄方面，6%被试在 30 岁以下，44%被试在 30~34 岁，21%被试在 35~39 岁，29% 则在 40 岁及以上；在教育水平方面，本科或本科以下的人员占 17%，拥有硕士学位的人占 56%，博士及以上人员则占 27%。团队规模为 5~11 人(均值(M)=6.44，标准差(SD)=1.52)，平均团队成立年限为 3.05 年。在团队会议频率方面，团队会议每月 1 次或 1 次以下的有 2%，每月 2~3 次会议的有 14%，每周 1 次会议的占 67%，每周会议超过 1 次的团队有 17%。

各研究变量的均值、标准差和相关性分析结果如表 4-1 所示。各变量的 Cronbach's 系数都在 0.70 以上，说明该量表具有较好的信度，适合开展下一步分析。

表 4-1　描述性统计与相关性

变　量	M	SD	1	2	3	4	5	6	7
1. 团队规模	6.44	1.52							
2. 团队会议频率	2.69	0.47	0.32						
3. 团队成立年限	3.05	0.35	0.49	0.22					
4. 团队点度中心性	0.67	0.26	0.57	0.45	0.39	(.83)			
5. 交互记忆系统	5.73	0.59	0.63	0.43	0.67	0.03**	(.90)		
6. 团队中介中心势	0.61	0.17	0.35	0.38	0.42	0.29*	−0.26	(.81)	
7. 团队创造力	5.28	1.03	0.30	0.52	0.22	0.51**	0.48**	−0.53	(.87)

注：括号内为各个测量量表的 Cronbach-alph 信度系数。
　　*表示 $P<0.05$；**表示 $P<0.01$；双尾检验。

4.4.3　假设检验

本研究的假设包括中介效应和调节效应，它们可以结合为一个带调节的中介效应模型。根据温忠麟等(2006)所述，"当检验有调节的中介效应时，先要检验中介效应，然后再检验调节效应"。为检验中介效应，需要满足以下条件：第一，在第一个回归模型中自变量与中介变量的关系显著；第二，在第二个回归模型中自变量与因变量的关系显著；第三，在第三个回归模型中中介变量与因变量关系显著。如果这些条件都与预测方向符合，那么第三个回归模型中自变量对因变量的影响应该小于第二个回归中的影响。按照艾肯和韦斯特(Aiken & West, 1991)的方法，为避免多重共线性问题，本研究预先对自变量进行中心化处理，再进行相关的假设检验。

首先，建立模型 1，检验团队点度中心性和交互记忆系统之间的关系。从表 4-2 中可知，团队点度中心性对交互记忆系统有显著的积极影响($\beta = 0.33$，$p<0.01$；M1)。因此，支持以上第一个条件。在模型 2 中，团队点度中心性对团队创造力存在显著的积极影响($\beta = 0.37$，$p<0.001$；M2)。因此，本研究也满足上述第二个条件，支持假设 1。

表 4-2　回归分析结果

	交互记忆系统			团队创造力								
	M1			M2			M3			M4		
	β	SE	t	β	SE	t	β	SE	t	β	SE	t
团队规模	−0.04	0.02	−0.13	0.08	0.02	1.20	0.08	0.02	1.33	0.10	0.02	1.51
团队会议频率	0.07	0.05	0.21	0.16	0.06	1.44	0.15	0.06	1.40	0.16	0.06	1.64[*]
团队成立年限	0.12	0.03	1.15[*]	0.14	0.07	1.42	0.11	0.07	1.18	0.12	0.07	1.37
团队点度中心性	0.33	0.06	3.45[**]	0.37	0.09	4.63[***]	0.25	0.09	3.05[**]	0.22	0.09	3.12[**]
交互记忆系统							0.31	0.12	3.91[***]	0.27	0.11	3.23[**]
团队中介中心势										−0.24	0.20	−4.05[**]
交互记忆系统*团队中介中心势										−0.31	0.28	−3.81[**]
R^2		0.16			0.27			0.38			0.53	
ΔR^2								0.11			0.15	
F		5.26[**]			8.27[***]			10.01[***]			12.16[**]	
ΔF								12.15[***]			13.64[***]	

注：预测变量在分析前已做中心化处理。

*表示 $P< 0.05$；**表示 $P< 0.01$；***表示 $P< 0.001$；双尾检验。

其次，在模型 3 中，交互记忆系统对团队创造力有显著的积极效应(β=0.31，p<0.001；M3)，符合第三个条件，支持假设 2。模型 3 的结果也表明，在考虑交互记忆系统的因素后，团队点度中心性对团队创造力的影响减弱(β=0.25，p<0.01)，但是仍然显著，这表明两者之间的关系为部分中介效应，假设 3 得到支持。

最后，在模型 4 中，团队中介中心势对交互记忆系统与团队创造力之间的关系具有显著的负向调节效应(β= -0.31，p < 0.01；M4)。模型 3 和模型 4 也产生显著的 ΔF 统计(ΔF= 12.15，p < 0.001，M3；ΔF= 13.64，p < 0.001，M4)。综合以上分析可知，假设 4 得到支持。分析结果表明，多重共线性并不存在，自变量的最高方差膨胀因子 VIF 的值 3.85 低于可容忍的上限 10。而且，经检验 Durbin-Watson 统计量在 1.67 和 2.23 之间，表明残差之间彼此独立。

假设 4 表明，团队知识网络中介中心势和交互记忆系统的交互效应能显著影响团队创造力。与团队中介中心势较高相比，当中介中心势较低时，交互记忆系统和团队创造力的积极关系更强。如模型 4 所示，团队知识网络中介中心势和交互记忆系统的交互效应能够显著预测团队创造力。

为了对调节效应开展进一步的解释，检验交互效应的方向是否与假设 3 一致，本研究用艾肯和韦斯特(Aiken & West, 1991)的简单斜率(simple slope)评估方法绘制了在平均水平、高水平(高于均值一个标准差，即+1 SD)和低水平(低于均值一个标准差，即-1 SD)的团队中介中心势下交互记忆系统与团队创造力之间的关系，如图 4-2 所示。其中，简单斜率是简单回归方程中自变量的系数，表明在调节变量的不同水平下自变量和因变量的关系。如果在该回归方程中交互项显著，那么调节效应存在。

简单斜率分析表明，当团队知识网络中介中心势较高(+1 SD)时，交互记忆系统与团队创造力关系不显著(简单斜率β=0.37，t=1.21)。但当团队中介中心势较低(-1 SD)时，交互记忆系统能显著预测团队创造力(简单斜率β=1.58，t=5.31，p<0.01)，检验结果与假设 4 相符。因此，团队中介中心势在交互记忆系统与团队创造力的关系上起负向调节作用，假设 4 得到部分验证。

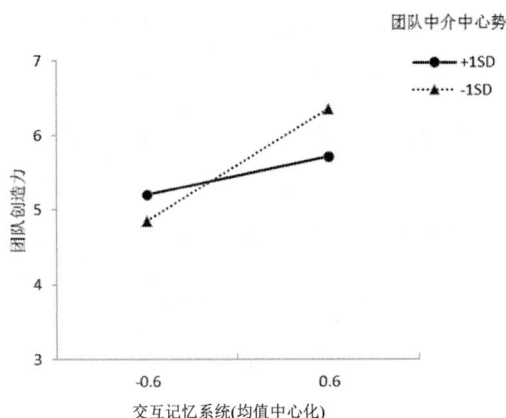

图4-2　交互记忆系统与团队中介中心势的交互效应

4.5　结果与讨论

综上，本研究通过整合知识网络和交互记忆系统的研究，建构了一个带调节的中介效应模型，检验了关于研发团队知识网络的结构特征、交互记忆系统和团队创造力之间关系的假设。

(1) 研发团队知识网络点度中心性对团队创造力有积极影响。

(2) 交互记忆系统与团队创造力有积极影响。

(3) 交互记忆系统在团队点度中心性与团队创造力之间起中介作用。

(4) 研发团队知识网络中介中心势对交互记忆系统与团队创造力之间的关系起调节作用。具体而言，团队知识网络中介中心势越低，交互记忆系统与团队创造力之间的积极作用越强；团队知识网络中介中心势越高，交互记忆系统与团队创造力之间的积极关系并不显著。

研发是一种高度的知识依赖性活动，需要根据问题情境和任务复杂性投入相关领域的专业知识，因此团队成员的知识互动是团队创造力的重要来源(Taggar, 2002; Kessel, Kratzer, Schultz, 2012)。研发工作需要团队成员与大多数同事建立知识网络关系，他们在知识碰撞过程中通过各自的独特思维方式(Huang, 2009)为团队带来创造结果。以往研究表明，只有当团队中大多数成员均能积极共享知识或信息时，团队才能够有效获得非重叠的信息(Richter, et al., 2012)。否则，知识异质性会因专长隔阂而对创造力造成负向影响(Gilson, et al., 2013)。在这些团队中，异质性所带来的结果更可能是团队成员分类化，而不是信息的有效利用(Richter, et al., 2012)。本研究的结果表明，团队知识共享的成功与否取决于其知识或信息的交流方式，团队知识网络的结构特征是研发团队创造力的重要预测因素。

研发团队知识网络点度中心性对于团队创造力而言具有重要的意义。以往研究表明了行动者中心性对个体创造力的积极影响(Ibarra, 1993; Tsai & Ghoshal, 1998; Inkpen & Tsang, 2005)，本研究则表明了团队成员知识网络点度中心性均值对团队创造力的正向影响，它反映了团队整体的知识互动活跃程度。研发团队成员知识网络点度中心性均值是团队创造力的一个显著前因。当大多数团队成员都积极参与知识互动活动时，会产生更多的知识组合，容易带来更多的创造灵感。创造性工作需要一定程度的聚焦和关注，以带来基于逻辑的发散性思维(Cropley, 2006)。也就是说，团队内大多数成员知识网络越密集，越能获得更多的知识检索与交流的机会，建立彼此的专长理解与信任，这有助于整合和发展更多的创造性想法，因而对交互记忆系统和团队创造力而言是有利的。

然而，一个普遍的现象是，团队知识在所有成员之间并不是平等交流或均匀流动，团队内部的知识网络常常为少数成员而非集体所利用，并且容易受到"权威的"团队中心成员的影响。本研究的分析结果与里恩斯等(Leenders, et al., 2003)和斯帕罗等(Sparrowe, et al., 2001)的预期相一致。他们指出，团队互动的中心势越高，团队成员的创造动机和组织承诺就会越低。而且，肖(Shaw, 1964)也表明，团队中心势会负向影响团队绩效，团队的中心势越高导致团队的互动行为越低，这对于创新而言是不利的；而中等水平的中心势对于团队绩效而言会更加理想(Ibarra, 1993)。比较而言，高中介中心势网络对于简单问题的协调或许是有益的，而低中介中心势的网络可能更适合应对复杂的任务问题。

本研究可以深化人们对研发团队知识网络与交互记忆系统的理解。一方面，团队成员之间的知识互动密集度会影响其知识搜索与利用的能力，团队成员对彼此知识或专长的理解和信任,对于交互记忆系统有正向影响。另一方面,当团队中的知识或信息搜索已成为研发团队成员的普遍行为时,团队内部的异质性或多样化的知识应该更充分地展现在团队成员面前。因此,研发团队成员获取异质性知识的能力和知识共享效率取决于团队中心成员的控制力。在非中心化的知识网络结构中,团队成员之间可以存在更多的交流与协作,为他们的沟通提供更多的机会,因而有助于提高对彼此专长的信任程度和团队成员之间的知识搜索效率,提高团队决策质量,也能够促进交互记忆系统作用的发挥。

总之,本研究阐明了知识网络的结构特征对研发团队创造力的重要影响。研发团队知识网络点度中心性对于团队创造力而言具有重要的意义,团队成员点度中心性均值反映了团队成员之间的平均知识互动频度。当团队点度中心性较高时,团队内部大部分成员都积极参与知识交流与合作,有利于充分吸收彼此的差异化知识。在实际的研发活动中,管理者应该采取有效措施,增加团队成员之间的知识检索与知识交流的机会,以促进团队交互记忆系统的发展。但是,团队中介中心势负向调节了交互记忆系统与团队创造力之间的关系。当团队中介中心势过高时,知识配置或资源分布不平等,会导致知识流动向少部分人倾斜,出现知识资源受控或信息流通不顺畅的情况,从而阻碍团队知识转移。因此,团队成员整体的知识互动密集程度和团队中心成员的资源控制程度会影响研发团队的知识吸收程度和知识转移效率。在管理实践中,团队领导可以根据团队成员的特征调整团队管理方式,激励团队成员积极参与到团队决策之中,促进成员之间的知识交流与共享,有目的地加强团队交互记忆系统的建设,进而提升团队创造力。

第 5 章

知识网络情境下授权型领导对成员创造力的影响

5.1 问题提出

研发团队是高新技术企业不可或缺的部分,对企业创新的促进作用非常明显。研发人员是用自身的知识资源,从事创造性、自主性的研发工作的人,在企业中占据着越来越重要的地位。作为典型的知识型员工,研发人员具备较强的综合素质、学习能力、知识能力,也具有较强的创新意识,且在研发工作中能够不断学习和获取新知识、新想法。研发创造力是研发人员知识合作的结果,从新颖想法的产生,到想法表达和问题解决都依赖团队成员之间的紧密合作。事实上,研发团队(如产品设计和开发团队)的设置本身就是为了服务于多样化知识的共享和结合,以及鼓励认知整合,以培养团队创造力(Ali, et al., 2021)。

前面的分析已表明,研发团队知识网络是发挥知识多样性及提升团队创造力的一种潜在机制。团队中的个体成员是知识的来源,在知识共享中发挥着重要作用。研发团队的知识网络管理能力越强,团队成员之间知识分享的意愿及知识创造活动越容易被激活,同时产生知识优势,缩短产品生命周期。在知识网络情境中,研发主要涉及个人、团队以及组织间分享显性和隐性知识的动态过程,关系到不同层次上的众多因素。研发创造力既取决于个体动机、概念技能和问题解决能力,也取决于团队领导、团队氛围、团队多样性及组织文化等,这些都会影响团队成员的合作或共同努力的程度(Chen & Hou, 2016; Somech & Drach-Zahavy, 2011)。

相比一般员工,研发人员作为企业创新的关键人才,较少需要领导的硬性管理,而倾向于自主灵活地完成自己的工作,这与他们自身具有较高的成就需要和强烈的自我实现需要有关。研发团队领导者不能依赖传统的方式来管理团队和解决问题,也不适合采用严格的命令性或控制性的方式来管理下属。在激烈的市场竞争中,为了获得持续性的竞争优势,现代组织越来越重视对员工进行授权。授权是组织发展中的一个重要影响因素,很多组织将更大的自主权及自我指导和环境控制等权力授予员工，甚至也将工作时间安排、假期安排、物品采购、员工聘任和制定工资标准等权力给予团队(Liden & Tewksbury, 1995)。斯利瓦斯塔瓦等(Srivastava, et al., 2006)的研究发现，授权型团队领导可以通过提升团队内部的知识共享和团队效能感来增加团队绩效。为此，管理者需要对团队给予社会及情感方面的充分支持，提供完成任务所需的信息，鼓励员工自我管理与自我实现，以及建立信任和开放性的氛围，提高授权程度(Liden & Tewksbury, 1995; Manz & Sims, 1987)。

关于授权型领导(empowering leadeship)的研究可以追溯到曼兹和西姆斯(Manz & Sims, 1980, 1991)，他们采用自我管理、自我领导等术语对下属的自我管理和自我领导技能开展探讨，并且将这种类型的领导风格称为"超级领导"(super leadership)。直到20世纪90年代，授权型领导才成为一个专有术语出现在大量研究中。曼兹和西姆斯(Manz & Sims,1991)区分了四种领导风格：直接领导、交易型领导、变革型领导和授权型领导。其中，授权型领导强调了员工的自主行为、自我发展、自我奖励、机会思维、团队合作和参与目标制定等要素(Cox & Sims, 1996)。授权型领导表明了领导范式的变化，尤其强调员工的自我影响，而非来自外在的自上而下的影响(Manz & Sims, 1991)。在授权情境下，管理者角色和责任的变化会使领导者的行为风格发生相应变化。当前，授权型领导因其对权力的分享与赋予员工更多的责任而受到企业界和学术界的推崇。授权型领导如何影响团队及其成员的创造力，已成为理论界和实践界备受关注的重要问题。

依据组织行为学观点，积极的工作态度与工作氛围可以引起员工积极的工作行为。张和巴托尔(Zhang & Bartol, 2010)的研究发现，授权型领导是影响个体行为态度最重要的变量之一，对员工的工作满意度、自我效能感、组织公民行为、创造力和创新行为、工作绩效等方面都有比较显著的影响。福里斯特(Forrester，2000)曾指出，授权型领导对员工创造力的作用大小取决于员工对领导者有差异的授权的反应。张和周(Zhang & Zhou, 2014)进一步探讨了授权型领导、不确定性规避及对领导信任之间的相互关系，并指出当员工不确定性规避与对领导信任的程度较高时，授权型领导对发展员工创造力有更好的效果，同时也表明自我效能和内在动机往往会显著地影响员工创造力。张和巴托尔(Zhang & Bartol, 2010)的研究也表明，授权型领导可以通过心理授权、内在动机及创造性过程参与的多重链式中介正向预测员工的创造力表现。

然而，授权型领导如何作用于研发人员创造力的问题却没有得到充分的探讨。现有文献中，学者们对"授权"的探讨主要分为两种视角：一种是主要关注组织情境，大多探讨具体授权行为、工作环境等因素，以及通过向下属授予权力或其他管理方式来提升员工绩效的行为，强调领导与下属分享权力，一般称之为"情境授权"(Srivastava & Locke，2006)；另一种是主要关注员工对授权的心理体验和认知过程，包括通过消除员工无权力感，提升其内在动机水平、自我效能感而提高工作绩效的激励行为，一般称之为"心理授权"(Srivastava & Locke，2006)。在授权型领导行为的研究过程中，既包含了领导者权力下放过程，也涵盖了员工对授权的心理体验。学者们发现，单独从某一视角思考问题会忽略一些可能的影响，例如从情境角度研究授权型领导，分析过程却无法完全避开由管理方式及权力下放带给员工心理上的激励和感知。近几年来，这两种研究视角出现了逐渐融合的趋势，唐桂瑶等(2012)称之为授权型领导的"整合视角"。

因此，本书从整合视角出发，聚焦于自我创造效能与团队创新氛围这两个重要的个体和团队过程变量，并采用多层线性模型的分析方法，在个体水平和团队水平上分析整合视角下授权型领导与研发团队成员创造力之间的关系，以拓展以往的研究结果，为现代组织中各种类型团队的管理实践提供借鉴。

5.2 理论与假设

5.2.1 授权型领导与研发团队成员创造力

授权型领导是在社会认知理论、情境领导理论、领导—下属交换理论、自我管理理论、认知行为修正理论及参与式目标设定理论等一系列理论基础上发展起来的新型领导方式(Vecchio & Justin，2010)。茜恩和周(Shin & Zhou，2003)指出，当领导表现出过多的权威时，员工会对隐性知识保持缄默，而授权型领导更能激发员工的建言行为和隐性的知识共享行为，尤其是情境授权和心理授权可以满足员工对权力的需求和获取相应的组织回报。这种领导方式通常是指领导者与其下属分享权力的一种领导行为，它与强调自上而下层级管理的传统领导方式不同。授权型领导方式更注重开发员工自主决策及自主工作的能力，通过赋予下属更多的权力、责任等，营造更加自由和灵活的工作环境。在这样的氛围下，员工不仅能够获得创新所需的信息及资源支持，还会因领导权力的下放而具备足够的自我决策权，有更多的时间和空间去探索及实现自己感兴趣的创新构思，从而提高员工的创造力。

创造力是个人或群体形成新颖、适宜及有价值的想法的能力(Amabile, 1996)。积极的工作态度和工作氛围可以激发员工的创新行为，提高员工创造力。研发团队成员是否会积极参与到创新行为之中，与其主动创新的意愿及内在动机强度息息相关。同时，研发工作中包含了大量复杂的、难以界定的内容，且这些内容通常没有显而易见的解决办法。在这样的情况下，就需要对研发团队领导的类型及风格提出更高的要求。与一般的领导者相比，研发团队的领导者更需要激发研发人员的内在动机以应对更复杂的问题，并且需要通过授权来提高员工在复杂工作中的权限。众多文献也表明，授权型领导中的很多做法都与创造力有密切的关系，例如，"让员工了解工作的重要性，让员工参与决策，向员工传递高质量完成工作的信心及减少专制的领导"等(Zhang & Bartol, 2010; Ahearne, Mathieu, Rapp, 2005)。当员工参与领导决策并能够感受到有决策自主权时，更可能产出创新成果。基于此，提出如下假设。

假设 1：授权型领导与研发团队成员创造力存在正相关关系。

5.2.2　自我创造效能的中介作用

解决创造性问题本质上是一个模糊的过程(Amabile, 1996)，因而这些问题会有一定的难度。如果个体不相信自己能够完成任务，就容易逃避，而且允许失败(Bandura, 1997)。相反，具有高度自我效能感的员工会相信，他们有能力成功完成任务，因而更可能坚持，愿意尽更大的努力(Bandura & Schunk, 1981)。在解决创造性问题的情境中，人们需要相信自己能够成功开发和制定解决方案。因此，人们在多大程度上相信自己有能力完成任务，就会付出多大的努力，并最终影响其创造绩效。

随着学者们对授权研究的不断深入，不少研究者发现授权是以人为对象，而人本身带有一定的情感因素，于是他们从员工的心理感受角度进行研究，主要关注员工对授权的心理体验和认知过程，并通常称之为"心理授权"。从"心理授权"视角研究授权型领导，一般被认为是管理者通过消除员工无权力感，提升其内在动机水平、自我效能感而提高工作绩效的一种激励行为。根据定义，心理授权是指反映个人对自身工作角色认知的一个过程，具体包括员工对自我效能、工作影响力、工作意义及工作自主性四个方面的认知维度。综观已有研究文献，授权型领导对心理授权的影响主要体现在三个方面：首先，授权型领导会表达对员工工作能力及未来表现的信心，这些会促使员工对自身的工作表现及工作态度充满信心，从而大大提高员工的自我效能感；其次，与其他领导类型相比，授权型领导更加强调赋予员工足够多的自主权，有利于提高员工对工作自主性的认知；最后，授权型领导让员工参与制定决策的过程，当员工发现领导者在制定相关决策时考虑了自己的看法和建议，通常会感受到更强的工作影响力和自我价值的实现。因此，授权型领导能够促进员工的心理授权。阿亨等(Ahearne, et al., 2005)的实证研究显示，授权型领导确实能够提高员工的自我效能感知水平。张和巴托尔(Zhang & Bartol, 2010)也发现，授权型领导可以通过心理赋能提高团队成员的自我效能感，进而积极影响其内在动机和创造力。

根据班杜拉(Bandura, 2001)的理论，自我效能可以理解为"个人对于自己有能力组织及执行管理情境中所需要的相关行动的信念"。也就是说，自我效能就是个人相信自己能在某些特定的情况下凭自己的能力完成有关的工作。一些研究将自我效能视为能够产生积极成果的"个人资源"，同时也是在压力情况下能够降低工作对个人消极影响和工作倦怠的"缓冲器"(Bandura，2001)。研究者在主动性工作行为理论的基础上提出了角色广度自我效能，即员工对自己有能力完成规定技术要求外的主动性及综合性工作的信念，并提出角色广度自我效能是提高主动性工作绩效的关键驱动力(Parker, 1998)。马丁等(Martin, et al., 2013)的研究发现，自我效能同样受到工作环境因素等的影响，更多的自主权及领导的大力支持能激发员工的自我效能。自我效能作为个体行为的重要动力源泉，与创造力的关系成为当前研究的一个重要问题。一些研究者认为，作为主体因素的一个部分，自我效能直接影响个体进行活动的动力的发挥，从而成为决定人类创造力行为的一种重要原因。马西森和布伦尼克(Mathisena & Bronnick, 2009)提出，创新者内心存在一套核心的自我概念，引导和激励他们不断做出创新努力。

张和巴托尔(Zhang & Bartol, 2010)在对我国大型信息科技公司的员工及其上司的调查中也发现，授权型领导对员工创造力有积极影响。授权型领导通过正向影响员工心理授权，激发员工内在动机及创新过程参与，从而提高员工创造力。周浩和龙立荣(2011)用实证方法验证了自我创造效能对员工创造力有积极的影响。贡等(Gong, et al., 2009)的研究也支持了自我效能在员工学习导向、变革型领导及员工创造力关系中的中介作用。基于此，本研究提出如下假设。

假设 2a：授权型领导与自我创造效能存在正相关关系。

假设 2b：自我创造效能在授权型领导与研发团队成员创造力的关系中起中介作用。

5.2.3　团队创新氛围的中介作用

国内外现有文献对"授权"这个概念主要有两种理解。除了"心理授权"的视角之外，还有一种将"授权"定义为组织中一系列下放决策权的管理实践措施，包括组建自我管理团队、组建自主工作小组、工作丰富化及职权下移等。由于对"授权"的这种理解关注的是组织情境(领导的行为、工作的设计等)，而并不是关注员工的内在心理感受(对自我效能感的提升、授权的感知等)，因此这一视角的"授权"常被称为"情境授权"(Srivastava & Locke, 2006)。从"情境授权"视角描述授权型领导，其定义可概括为：通过向下属授予权力或其他管理方式来提升员工绩效，其关键点在于下放职权、鼓励团队合作(Srivastava & Locke, 2006)。研发团队需要鼓励人际互助、信息协调和全面的知识共享(Tjosvold, et al., 2004;

Geng, et al., 2021)，授权型领导通过鼓励团队成员相互合作，容易达成高效的知识共享与转移，形成良好的团队创新氛围(team climate for creativity)(Konczak, et al., 2000)。在授权型领导下，研发团队成员会有较强的知识分享意愿(刘培琪，等，2018)，充分发挥团队分布式认知的优势。相反，在较差的团队创新氛围中，团队成员的知识合作水平低下，即使成员们对研发团队的创新能力有信心，他们也不会彼此分享重要的资源(如数据、信息和知识)(Geng, et al., 2021)，也不会将太多精力投入到研发活动中。

团队创新氛围指的是团队成员对团队中的创新性工作环境的共同认知，这种认知会影响团队成员的创造意愿和行为(Hunter, Bedell, Humford, 2007)。员工对组织知识分享文化和氛围的感知，可以通过增强员工之间的互信、沟通、互惠(陆欣欣和涂乙东，2018)，使员工有更高的组织认同感，提高员工的分享意愿(Lin, 2007)。因此，积极的团队创新氛围可以刺激组织内员工不断向其他组织成员主动分享知识、贡献知识并获取知识。团队创新氛围由几个关键要素构成，与团队成员共事的能力和意愿有关，包括团队对创新价值的感知、共同目标、信息共享意愿等。韦斯特(West, 1990)为团队创造氛围定义了四个关键的要素，对于共同工作的团队成员创造性地解决问题而言，所有这些要素都是必要的。

(1) 愿景，描述团队成员共享一个长期、高层次目标的程度。这种目标对团队而言是一个激励因素，使他们能够聚焦于任务，产出更多的问题解决方案。如果团队的愿景太模糊或太抽象，难以达到，那么它就有可能弱化团队的任务激励(Anderson & West, 1998)。

(2) 任务导向，衡量团队成员为了更好地完成团队任务的共同动力。为了追求成功，团队不仅需要具备一个共同的愿景，还必须聚焦于他们实现目标的绩效质量(Anderson & West, 1998)。在团队面对创造性的设计问题时，任务导向非常关键，它定义了团队成员如何开发创意和概念并与其他同事共享，以及大家如何提供反馈和建设性评价。

(3) 参与安全，与心理安全感高度相似，测量团队成员在表达想法、提供和获取建设性反馈时的舒适感。在创意设计过程中，如果团队成员在共享观点和想法时感到不适，那么他们可以用于概念结合的资源就会很少，导致更低的创造力。

(4) 创新支持，即描述团队支援创造性方法或创意开发的程度。对团队创新的积极鼓励不仅可以引致更多的创意，而且也会提高这些创意实现的可能性。

相对于组织层面的其他环境因素，团队创新氛围更可能影响团队成员的知识创造行为(Shalley, Zhou, Oldham，2004)。韦斯特等(West, et al., 2003)认为，在一个组织中，创新通常是在一个特定的工作团队中产生并得到发展，从而转化为组织内部常规化的实践活动。因此，本研究将团队创新氛围定义为，团队成员对影响其创新能力发挥的工作环境及氛围的一种共同的社会知觉。当个体感知到团队氛围是友善的，就会做出积极的知识行为反应(Schneider, 1975)。若研发团队成员感觉到团队是支持和鼓励知识创造的，将很有可能极大促进研发团队知识创造行为的产生。研发团队可以从团队成员的各种专业知识中获益，并通过分享和组合这些专长获得创造成果。团队内部良好的知识氛围可以克服群体思维的局限，提供新想法形成的土壤，鼓励团队成员积极共享知识和信息，并就新产品、实践和服务的实施达成共识(De dreu & West, 2001)。当团队成员在一个认知多样化并参与知识共享过程的团队中时，他们更有可能被倾听，这一点对于团队中的潜在创新非常重要(Rahmi & Indarti, 2019)。

依据团队有效性模型，团队领导是能够对团队知识行为施加重要影响的情境变量。团队领导风格对形成团体或组织的创新氛围能产生直接或间接的影响，并最终影响团体和组织的创新活动。陈威豪(2006)指出，组织氛围被证明与创新高度相关。在创新管理实务方面，领导风格被证实会影响成员对氛围的感知，并进而影响创造氛围的内容；在创新潜力方面，支持性工作氛围对员工"创新的准备程度"影响很大。在总结前人关于组织创造力影响因素研究的基础上，安德列普洛斯(Andriopoulos, 2001)论证了影响组织创造力的五个决定因素：组织氛围、领导风格、组织文化、资源与技巧、组织结构与系统。斯利瓦斯塔瓦和洛克(Srivastava & Locke, 2006)通过实证研究表明，授权型领导能促进团队成员提高创新能力和团队效能，能够创造更多绩效。可见，被授权的团队会形成强烈的被信任感及被支持的氛围，从而愿意彼此分享和沟通，进而带来良好的团队绩效表现。授权型领导还可以对知识共享和团队效能(Martin, Liao, Campbell，2013)、社会整合与知识整合(国维潇和王端旭，2014)等产生积极影响，进而有利于提高团队绩效。在有关创新的研究中，大部分研究者都认为创新氛围能产生相当强的中介作用。基于此，本研究提出如下假设。

假设 3a：授权型领导与团队创新氛围存在正相关关系。

假设 3b：团队创新氛围在授权型领导与员工创造力的关系中起中介作用。

综合上述观点，本研究的研究模型如图 5-1 所示。

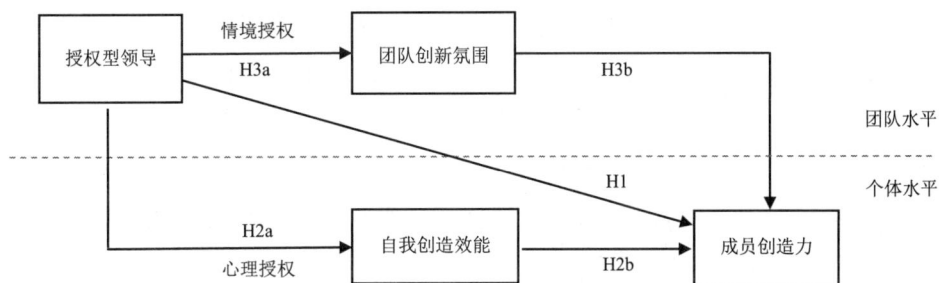

图 5-1　变量关系模型

5.3　研 究 方 法

5.3.1　研究样本

研究样本来自杭州、绍兴、郑州、武汉等地区 15 家大型企业的研发团队，主要涉及计算机、生物医药及互联网等行业。首先，研究人员向这些团队的成员发放 300 份问卷，测量其所在团队的授权型领导、团队创新氛围及自我创造效能。其中，有效问卷 292 份，有效团队 63 个，各个团队参与调查的成员数量在 3～10人。若团队作答人数低于 3 人，则被视为无效样本。然后，对带领这些团队的主管发放问卷，由其评价团队成员的创造力，共有 60 位主管参与，平均评价数量为

5 位员工。其中,有两位主管同时带领两个团队。

因此,最终获得的有效样本为 62 个团队,包括 287 份团队成员问卷和 62 份团队主管问卷。调查样本的基本信息如表 5-1 所示,78%参与问卷调查的员工年龄在 30~35 岁,男性被试占 61%,拥有本科以上学历的被试占 87%,86%的员工在当前团队有一年以上的工作年限。

表 5-1　调查样本的基本信息

类　别	人口统计变量	人数/人	比例/%
性别	男	212	61
	女	135	39
年龄	≤29	42	12
	30~35	270	78
	36~40	28	8
	≥41	7	2
教育背景	本科以下	9	3
	本科	36	10
	研究生(硕士)	178	51
	研究生(博士)	124	36
当前团队工作年限	≤1	49	14
	2~3	145	42
	4~5	127	37
	≥6	26	7
企业性质	国有企业	113	33
	民营企业	156	45
	中外合资企业	78	22

5.3.2　变量测量

授权型领导采用阿亨等(Ahearne, et al., 2005)开发的量表进行评价,包含 4 个维度,即提升工作意义、促进员工参与决策、对员工绩效有信心、培养员工自治,每个维度下有 3 个题项,共计 12 个题项。例如,"我的领导会帮助我理解我的工作对于公司整体成效的重要性""我的领导相信，即使我犯错误也有能力去改进"等。采用利克特 5 点量表进行测量，1 表示"非常不符合"，5 表示"非常符合"。该问卷的内部一致性的测量结果 Cronbach's α 系数为 0.94，4 个维度的 Cronbach's α 系数分别为 0.89、0.87、0.91、0.85。

团队创新氛围采用安德森和韦斯特(Anderson & West, 1998)开发的量表进行评价，包含 5 个维度，共有 38 个题项。其中，愿景(vision)维度包含 11 个题项，参与安全(participation safety)维度包含 8 个题项，创新支持(support for innovation)维度包含 8 个题项，任务导向(task orientation)维度包含 7 个题项，互动频度(interaction frequency)维度包含 4 个题项。问题如"我清晰了解我所在团队的目标""我们在团队中彼此理解和接纳""团队成员相互合作以帮助开发和应用新想法"等，采用 7 点量表进行测量，整体量表的 Cronbach's α 系数值为 0.87，各子维度的 α 系数均在 0.70 以上。

自我创造效能采用蒂尔尼和法默(Tierney & Farmer, 2002)的 3 题项量表进行评价，例如"我觉得自己善于产生有新意的想法""我有信心能够创造性地解决问题"等。问卷采用 7 点量表，测得的 Cronbach's α 系数为 0.91。

员工创造力的测量则采用主管评价的方法，借鉴蒂尔尼和法默(Tierney & Farmer, 1999)的 6 点量表，测量了"该成员首先尝试新点子或新方法""该成员寻求解决问题的新想法和新方式"等 4 个题项。Cronbach's α 系数为 0.89。

为了确保调查问卷的测量信度与效度，本研究所采用的英文问卷均按照标准的翻译和回译的程序编写，以在中文语境下尽可能完整地表达其初始意义。本研究中的控制变量包括员工性别、年龄、教育背景、在当前团队的工作年限。依据以往研究，这些变量会影响团队动态及员工绩效(Tierney & Farmer, 1999)；由于受教育水平涉及任务领域的专长，因此也与创造力有关。此外，团队水平的控制变量包括团队规模、性别异质性、平均教育水平和团队成立年限。研究表明，团队规模会影响团队动态和创造绩效，而且团队年限、培训与教育水平、性别构成等也会影响团队效率。其中，团队成员的性别异质性采用 Blau 系数进行计算。

5.3.3 结构效度与数据聚合

本研究首先使用 CFA 方法分析所有个体水平的数据，以检验授权型领导、团队创新氛围、自我创造效能和员工创造力这四个变量之间的结构效度。结合所有题项的单因子模型，分析结果为：$\chi^2/df=8.52$，CFI=0.69，RMSEA=0.13；而将这些题项按照理论上的四因子模型进行分析，则所有拟合指标均符合可接受的范围（$\chi^2/df=1.28$，CFI=0.91，NFI=0.89，IFI=0.94，RMSEA=0.06）。相比其他几种可能的模型组合，RMSEA、CFI、NFI、IFI 等指标表现更优，具有更好的拟合效果。

由个体数据获得的团队水平变量，需分析数据聚合的 3 个检验指标：R_{wg}、ICC(1)、ICC(2)。结果发现，授权型领导、团队创新氛围的 R_{wg} 分别为 0.92、0.88，均大于 0.70，达到可接受的标准。而且，根据 Bliese(1998)的检验方法，测得授权型领导和团队创新氛围的组间方差显著($P<0.01$)，ICC(1)的值分别为 0.34、0.27，ICC(2)的值分别为 0.82、0.77，达到聚合要求。

5.4 假设检验

虽然问卷回收率较高，但本研究也检验了调查样本的无应答偏差(nonresponse bias)。本研究根据有效问卷的回收时间，将样本分为两组：第一组为前期回收的 34 个团队样本，第二组为后期回收的 28 个团队样本。通过对这两组样本数据(如团队规模、性别异质性、平均教育水平、成立年限、授权型领导、团队创新氛围)进行 T 检验，以判断不同阶段收集的样本之间是否存在明显差异。结果显示，两组样本在基本信息及关键变量上都没有出现显著性差异。因此，在本研究中无应答偏差的影响可以忽略。

描述性统计与相关性分析的结果如表 5-2 所示。其中自我创造效能与员工创造力显著正相关，授权型领导与团队创新氛围也显著正相关。

由于存在团队水平和个体水平的变量，因此采用多层线性模型(hierarchical linear modeling，HLM)的方法，对本研究的假设进行检验。

在成员创造力方面，零模型分析表明，成员创造力中有 44%的变异存在于团队之间(ρ=0.151/(0.151+0.194)$\approx$0.44；$p<0.001$)。因此，以截距作为结果的模型是合理的。根据理论假设所检验的两个中介效应结果，如表 5-3 所示。

表 5-2　描述性统计与相关性分析

变量	均值	标准差	1	2	3	4	5	6
个体水平测量								
1. 性别	1.32	0.43						
2. 年龄	3.26	0.95	−0.03					
3. 教育水平	3.05	0.61	0.17	−0.08				
4. 团队工作年限	2.24	0.93	−0.10	0.33*	−0.12			
5. 自我创造效能	4.36	0.74	0.18	0.27	0.13	0.09	(0.91)	
6. 员工创造力	3.75	0.56	−0.08**	−0.04	0.39	0.16	0.41**	(0.89)
团队水平测量								
1. 团队规模	4.78	2.11						
2. 性别异质性	0.32	0.22	−0.16					
3. 平均教育水平	3.06	0.48	0.12	0.05				
4. 团队成立年限	3.71	1.23	0.19	−0.14	0.03			
5. 授权型领导	3.63	0.64	0.20	0.13	0.09*	0.06	(0.94)	
6. 团队创新氛围	4.22	1.15	0.26	0.19	0.36	0.47	0.31**	(0.87)

注：括号内为各个测量量表的 Cronbach's α信度系数；*$p>0.01$，**$p<0.001$。
*表示 $P<0.01$；**表示 $P<0.001$。

表 5-3　团队创新氛围的中介作用

变量	员工创造力			团队创新氛围
	M1	M3	M4	M2
常数项	5.12**	5.12**	5.12**	4.79**
性别	−0.24*	−0.21*	−0.21*	
年龄	0.02	0.02	0.02	
教育水平	0.04	0.04	0.05	
团队工作年限	0.02	0.02	0.01	
团队规模				0.22
性别异质性				0.16
平均教育水平				0.35
团队年限				0.07
授权型领导	0.52**		0.18*	0.38**
团队创新氛围		0.28**	0.22**	
σ^2	0.191	0.185	0.189	0.614
τ_{00}	0.105	0.096	0.077	0.053

注：预测变量在分析前已做中心化处理，表中数值为λ系数；σ^2为第一层次的剩余变异，τ_{00}为第二层次的剩余变异；*$p<0.01$，**$p<0.001$

首先，令个体水平的控制变量和团队水平的授权型领导进入模型(M1)，结果表明授权型领导与成员创造力之间显著正相关(λ=0.52, $p<0.001$)，支持 H1。其次，

建立以授权型领导为预测变量，以团队创新氛围为因变量的等式(M2)，表明授权型领导与团队创新氛围正相关($\lambda=0.38$, $p<0.001$)，支持 H3a。随后，以团队创新氛围为预测变量建立模型(M3)，结果表明团队创新氛围和成员创造力之间存在显著的正相关关系($\lambda=0.28$, $p<0.001$)。当授权型领导和团队创新氛围同时进入等式时，二者与成员创造力之间依然显著正相关(M4，λ 分别为 0.18、0.22，p 值均小于 0.01)，其中授权型领导的显著性水平下降。相比 M3，该模型增加解释了 13% 的团队水平剩余变异(($0.096-0.077$)/$0.151\approx0.13$)。因此，H3b 成立，即团队创新氛围在授权型领导与成员创造力之间存在显著的中介效应。

在检验自我创造效能的中介效应时，如表 5-4 所示，同样先建立以授权型领导为预测变量，以自我创造效能为因变量的模型(M5)，表明授权型领导与自我创造效能显著正相关($\lambda=0.34$, $p<0.001$)，支持 H2a。以自我创造效能为预测变量建立模型(M6)，结果表明自我创造效能与成员创造力显著正相关($\lambda=0.47$, $p<0.001$)。而当授权型领导和自我创造效能同时作为预测变量建立模型时，二者与成员创造力之间的相关性仍正向显著(M7，λ 分别为 0.13、0.27，$p<0.01$)，但显著性水平下降。相比 M6，该模型增加解释了 19% 的团队水平剩余变异(($0.110-0.082$)/$0.151\approx0.19$)。因此，假设 2b 成立，即自我创造效能在授权型领导与成员创造力之间存在显著的部分中介作用。

表 5-4　自我创造效能的中介效应

变量	自我创造效能	员工创造力	
	M5	M6	M7
常数项	4.20**	5.10**	5.10**
性别	0.15*	−0.23*	−0.22*
年龄	0.04	0.01	0.01
教育水平	0.18	0.02	0.02
团队工作年限	0.05	0.02	0.02
自我创造效能		0.47*	0.13*
团队规模			
性别异质性			
平均教育水平			
团队年限			
授权型领导	0.34**		0.27*
σ^2	0.894	0.167	0.154
τ_{00}	0.128	0.110	0.082

注：预测变量在分析前已做中心化处理，表中数值为 λ 系数；σ^2 为第一层次的剩余变异，τ_{00} 为第二层次的剩余变异；*$p<0.01$，**$p<0.001$。

5.5 结果与讨论

本研究以国内 15 家大型企业的研发团队(主要涉及计算机、生物医药及互联网等行业)为研究对象,从整合视角出发,聚焦于自我创造效能与团队创新氛围两个重要的个体和团队过程变量,采用多层线性模型的分析方法,在个体水平和团队水平上分析整合视角下授权型领导与成员创造力之间的关系,得到了如下主要结论。

首先,对授权型领导与成员创造力的关系进行了探讨,发现授权型领导对成员创造力具有显著的正向影响。本研究的结论表明,授权型领导的领导风格及行为确实有利于提升成员创造力,这一结论有助于诊断研发团队在创新活动中激发成员创造力存在的领导问题,并提出解决该问题的有效思路。在授权型领导方式下,员工既能获得创新所需的信息和资源,也可以取得足够的自我决策权,这样更易于员工勇于探索自己感兴趣的创新构思,从而提升员工的创造力。

其次,从个体层面,本研究对授权型领导与自我创造效能关系进行了探讨,发现授权型领导对员工自我创造效能具有显著的正向影响,并且自我创造效能在授权型领导与成员创造力的关系中起中介作用。在研发的过程中,领导者表现出对创新目标的鼓舞和对员工工作能力的信心及对未来美好的预期,大大提高了员工对创新目标的认同感和员工的自我创新效能;领导者鼓励员工对创造过程的参与,员工会感知到更强的工作影响力等。这些都将有助于提升员工的创造力。

最后,从团队层面,本研究对授权型领导与团队创新氛围的关系进行了探讨,发现授权型领导对团队创新氛围具有显著的正向影响,并且团队创新氛围在授权型领导与成员创造力的关系中起中介作用。在研发的过程中,领导者关注权力的下放并营造良好的团队创新氛围,使员工愿意为追求创新付出努力。对员工来说,创新面临很大风险,只有给团队营造一个宽松、自由和灵活的创新氛围,员工们才不会担心创新失败而给自己带来损失,进而表现出积极的创新行为。

　　总之，本研究在以往文献的基础上，从整合视角出发，运用更为综合的理论模型探究授权型领导的作用，以进一步拓展和丰富这一领域的研究，加深了对授权型领导与研发团队成员创造力之间关系的理解。此外，本研究提出并通过实证研究揭示了自我创造效能、团队创新氛围对授权型领导与成员创造力两者关系的中介作用机理。从个体层面所得出的结论，再次证实了卡梅尔等(Carmeli, et al., 2011)、贡等(Gong, et al., 2009)的观点。这将有助于深入理解成员创造力的内涵及其形成机制，以及从"心理授权"的角度分析授权型领导影响成员创造力的内在机制。从团队层面所得出的结论，与安德列普洛斯(Andriopoulos, 2001)、斯利瓦斯塔瓦和洛克(Srivastava & Locke, 2006)的研究结论一致。这将有助于深入理解团队创新氛围的内涵及其形成机制，以及从"情境授权"角度探讨授权型领导影响团队创新氛围的内在机制。因此，本研究的结论极大地丰富了现有关于授权型领导、成员创造力、人力资源管理及技术创新管理的相关理论知识，同时也将为我国企业及跨国公司更好地利用授权型领导提升成员创造力提供有益的理论指导。

第 6 章

总　　论

在科学技术飞速发展的知识经济时代，除了专业的管理人才之外，掌握一定的专业知识或技术专长的人才是企业获得竞争优势的重要资本，而高效的研发团队是当前大多数企业不断发展创新的原动力。虽然国内外许多企业为了提升研发团队的创造力与创新能力投入了大量人力、财力、信息、技术等资源，但较难获得满意的管理效果。研发团队由一组具有差异化的知识、专长、技能或经验的人员构成。研发创造力的本质是新技术知识的生产，而这些新知识的产生并非凭空而降，是在一定的技术知识积累的基础上对已有知识的新组合。在团队寻求产品或服务创新的过程中，团队成员之间的知识互动过程及知识利用效率受到组织内多种因素的影响，这些因素在很大程度上决定了团队的创造能力。本书探讨了研发团队知识网络与创造力之间的多重作用机制，揭示了研发团队知识网络的结构性特征及其影响，关注了交互记忆系统这一团队认知变量在这些关系中的重要作用，以及分析了授权型领导对研发团队成员创造力的影响。

知识网络是跨越组织、空间和学科界限的共同工作的个体和团队的集合，其目的是实现有效的知识共享和知识创造。目前，关于知识网络与创造力的研究主要关注了如中心性、结构洞等网络结构特征、关系强度特征、及节点资源特征等方面；而且以往研究主要关注个体的网络变量的影响，较少关注团队层面的网络变量。在研发团队中，具有差异性专长或知识的成员共同合作，可以创造新知识，开发新产品或提供新的服务。对于研发团队而言，团队成员之间的知识网络是其知识共享和想法形成的重要载体，相对于一般团队而言有着更为重要的意义。虽然以往的研究指出了个人社会/知识关系对创造力形成的重要性，但是未揭示组织内部的知识互动过程，也不能反映研发团队工作者所经历的复杂知识网络。

本书认为，团队知识网络可以提供知识获取、相互信任、帮助或支持等机会，对研发团队的创造力具有重要的意义。从社会化的知识互动过程中分析团队创造力的发生机制，可以深入探究研发团队创造的本质。在研发团队中，保持频繁的知识互动关系对于团队成员创造思维的广度、深度和速度是非常重要的：置身于多样化的知识关系会增加员工的"干中学"经验，培养知识整合的能力，进而提高研发团队形成创造性成果的能力。因此，对研发团队知识网络的探究可以填补知识异质性与团队创造力之间的鸿沟，在拓展网络理论视角的同时，也能提供创造力研究的实证证据。

6.1　主　要　结　论

根据以上研究，本书主要得出以下四个结论。

(1)　团队知识网络的点度中心性对团队创造力具有积极影响。

知识在研发团队网络中的分布通常是不均匀或非对称的，研发团队的新知识往往来自网络中的非冗余关系，不同的中心性水平代表了团队成员对多样化知识的获取机会，这种机会对研发团队新想法的形成和新产品的开发非常关键。团队成员的知识网络点度中心性衡量了团队成员关联其他成员的关系数量，是建立非冗余知识关系并从该关系中获益的重要条件。本研究采用团队成员的点度中心性均值测度团队知识网络的点度中心性，用以刻画团队成员参与内部异质性知识互动或信息交流的整体活跃程度。

团队成员在知识网络中的点度中心性提高了团队成员的知识容量和专长信任。这种知识容量取决于该成员在知识网络中与其他同事之间直接的知识关系数量，而这些知识关系能使其获得更多的知识沟通渠道，建立稳固的知识依赖、专长信任和承诺。点度中心性高的团队成员可以以更多的方式和更紧密的联系获得异质性知识，减少知识搜索成本(Cyert & March, 1963)，提高知识转移效率，具有获取信息、积累工作相关知识、创造与创新等方面的更强能力。因此，知识网络点度中心性可以通过可获取的多样化知识的数量，大大提高成员之间的知识利用效率，通过结合已有知识和新知识并产生创造性想法，促进团队的创造成果。而且，团队知识网络的点度中心性也有利于团队成员的知识协调和控制，促进已有异质性知识的利用效率，建立有利于团队的标准和规则。团队成员的知识交流关系越频繁，团队成员知识网络中心性均值越高，知识关系越密切，互惠性越强，越能促进研发团队内的交互记忆系统的发展，有利于团队创造力的提升。

(2) 团队知识网络的中介中心势对团队创造力具有消极影响。

研发团队往往需要多学科、多领域的知识共同发挥作用。研发团队的知识具有异质性、分布性的特点，分散在不同的团队成员之中。这些异质性知识通常是内隐的，是依附于研发团队具体情境中的复杂性知识。研发团队知识网络的作用是激发知识创造，产生知识产品。团队成员之间基于知识的获取、转移、创造和利用等活动必然会形成复杂的依赖关系。成员对网络的依赖以及成员之间对彼此的依赖，其本质上都是对知识的依赖。权力来源于任何关键资源的控制权，知识的稀缺性、不可替代性和知识价值决定了团队成员在知识网络中的吸引力(Perez，2008)。如果部分成员拥有关键的知识要素和较大的知识量，那么他们在团队知识网络中就会具有较大的支配力和影响力，表现为知识权力。知识权力观最早来源于社会学领域的研究，首先由福柯和戈登(Foucault & Gordon, 1980)提出，他们认为权力以知识为基础，权力的行使即知识的运用。知识权力的概念则由拉蒂夫和哈桑(Latiff & Hassan, 2008)提出，它来源于行动者对知识的控制和支配地位，体现为拥有知识和学习优势的个体对知识网络中其他个体的支配力和影响力。

团队知识网络的中介中心势对研发团队创造力的消极影响，可以从知识权力观的视角进行解释。在研发团队中，知识权力的直接表现形式是专家权。研发团队的知识异质性意味着团队成员之间会存在相互较量、博弈，甚至斗争的现象。为了维系团队中的知识权力，团队成员会倾向于保护个体专长的独特价值或知识独占性以获取他人尊重，因而会降低知识共享的意愿，产生知识隐藏行为。研发团队中较高的中介中心势，会导致团队成员之间的知识信任度更低，不利于团队成员之间的知识共享和知识协作。在团队知识网络中介中心势高的团队中，部分成员会借助对知识权力及其他资源的获取和利用，有时甚至会牺牲别人的利益，以获得最大的个人利益，因而会对团队创造力带来消极影响。

(3) 交互记忆系统对团队创造力具有权变影响。

在研发团队中，交互记忆系统能够较好地解释团队成员的专长性认知对团队创造力的作用。交互记忆系统是团队成员对各个不同知识领域的信息进行编码、存储、检索和交流的共享的认知劳动分工(Wegner, 1986)，体现为团队成员认知的交互协作过程。在研发团队中，团队成员通过长期的知识互动，增进对彼此专长的理解，促进个体知识和他人知识的共享与利用。作为团队过程的一种认知机制(Kozlowski & Bell, 2003)，交互记忆系统被视为是在团队成员之间建立的有效的知识分工系统，能获取、存储和利用异质性的知识。首先，团队成员存储并负责其自身的独特知识或专长，是团队创造力重要的认知资源；其次，团队成员的这些专长性认知会形成丰富的团队知识库，是团队创造力的重要知识共享平台；再次，团队成员对彼此知识或专长的信任与协作，是实现团队创造力的重要保障。

然而，交互记忆系统是否能够充分发挥作用，促进研发团队创造力的提升，还取决于团队知识网络中介中心势的大小。如果研发团队中的知识互动受少部分人的支配或主导，那么团队知识网络就会具有更高的中介中心势，团队成员对团队内知识转移的主导差异也就更大。团队知识网络过高的中介中心势会损害团队知识互动程度，降低团队成员之间的专长信任，影响交互记忆系统的发挥，不利于团队创造绩效能力的提升。而且，过于依赖少部分成员的中心化知识结构也会降低研发过程中的知识合作，破坏团队凝聚力，减弱其他团队成员的创造积极性。高中心团队成员的出现，会减少非中心个体的自治性，造成人际沟通距离，降低团队成员之间的知识信任与合作，不利于发挥交互记忆系统的作用。因此，团队知识网络中介中心势可能是交互记忆系统与研发团队创造力之间的一个重要的调节变量，过高的中介中心势会通过影响团队成员的专长互动和任务协调而影响团队创造力。

(4) 授权型领导风格对团队成员创造力具有积极作用。

授权型领导的理论基础包括自我管理行为、认知行为调节、社会认知理论和参与目标制定等。本研究的大样本调查表明，授权型领导风格对研发团队成员的创造行为具有较强的解释力。团队创造的基础是个人创造(Mathisen & Einarsen，2004)。研发团队成员是典型的知识型员工，具有较强的成就需求，希望能够充分实现自己的价值，获得更高的群体认同。授权型领导的行为表明了领导范式的变化，尤其强调员工的自我影响，而非来自外在的自上而下的影响(Manz & Sims，1991)。在授权情境下，管理者角色和责任的变化会使领导和下属的行为都发生相应变化。团队领导会以身作则，为员工提供任务执行所需要的各类信息，扮演导师的角色教导团队成员成长，鼓励成员参与决策制定过程，给予成员更多的自主权和控制权，较好地满足研发团队成员的心理需求，对于成员创造力的发挥起到较大的促进作用。

在个体层面，研发团队的授权型领导行为能够通过促进团队成员的自我创造效能带来其创造力的提升。在研发活动中，团队领导支持团队的创新目标，关心团队成员的工作能力并提高成员的自信心和自我管理能力，有利于提高团队成员对团队创造目标的认同感和成员自身的自我创新效能。通过鼓励团队成员参与研发任务中的决策制定过程，使员工感知到更强的工作影响力。因此，在授权型领导情境中，员工能够获得创造所需的知识、信息，以及充足的自我管理权限，激励团队成员开拓思维，积极探索自己感兴趣的创造性想法，从而提高员工的创造力。

从团队层面，研发团队的授权型领导风格会通过提升团队创新氛围带来更高的团队成员创造力。团队创新氛围是团队成员对外部创新环境的直接感知，因而只有先理解关键的外部环境因素，才能理解外部环境对团队成员创造力的影响。在团队研发过程中，授权型领导关注权力的下放并营造良好的团队创新氛围，能让团队成员有更高的创造愿意，为追求创新付出更多的努力。对团队成员而言，除了受到个体特质的影响，个人创造力在很大程度上与团队创新氛围有关。研发团队管理者只有为团队营造一种宽松、自由和灵活的创新氛围，成员才会表现出积极的创造行为。

6.2 理 论 进 展

本书的研究是在现有文献基础上的深化和拓展，主要的理论进展体现在以下三个方面。

(1) 识别研发团队知识网络的形成机理与结构特征，拓展了知识网络相关理论。

首先，本书采用基于扎根理论的多案例研究方法，从个体、团队和组织等层面探索了影响团队知识网络的形成与发展的诸多要素。尤其从静态的团队特征和动态的团队行为两个方面，提炼了团队属性、成员结构、知识异质性、任务特点、研发工作流程、社会互动模式等的影响，明确了知识网络形成与发展的一系列重要因素，清晰呈现了研发团队知识网络的涌现过程，有助于丰富知识网络的相关理论。

其次，根据团队知识内容的复杂性和知识互动方式的多样性，从团队水平上识别知识网络的中心性结构特征，揭示其对研发团队创造力的差异化影响。本书关注了团队点度中心性和团队中介中心势这两个重要的结构特征，将知识网络位置分析从个体扩展到团队层面。从团队点度中心性方面分析了知识网络对研发团队创造力的积极影响以及交互记忆系统的中介机制，从团队中介中心势方面分析了知识网络对交互记忆系统与团队创造力之间关系的负向调节作用，深化了人们对研发团队知识网络不同结构特征及其影响的理解。

(2) 从团队认知的视角，阐明交互记忆系统对知识网络与研发团队创造力关系的作用机制，丰富了团队创造力相关理论。

以往团队创造力研究普遍遵循传统的 IPO 分析框架，而研发团队中的很多复杂集体创造过程难以用该框架进行解释。本书聚焦于知识网络中的社会化行为与团队创造力的关系问题，引入团队认知的分析视角，并构建"知识网络—团队认知—团队创造力"的新型理论框架。通过关注交互记忆系统，将其作为研发团队知识网络如何带来团队创造力的理论解释机制。针对团队知识网络的两种结构特征，比较和揭示了它们在交互记忆系统与团队创造力之间的不同作用。虽然以往也有研究探讨了知识网络与团队创造力的中介机制，但几乎没有考虑团队认知的影响，知识网络和团队认知往往相互分离，缺乏两者关系的整合分析。本书体现了社会网络与认知科学的领域融合，有助于深化对研发团队创造机制的认识，推进创造力理论的发展。

(3) 从整合视角出发，分析授权型领导与研发团队成员创造力的作用关系，延伸了领导相关理论。

本书从"心理授权"和"情境授权"的整合视角出发，分别在个体层面和团队层面上关注了自我创造效能与团队创新氛围两个重要的过程变量。针对前两个研究所观察的研发团队知识的分布与互动现象，揭示了知识网络情境下授权型领导对研发团队成员创造力的作用机制。

为了促使团队成员更有效地利用多样化的知识，团队领导扮演着知识推动者的角色，影响着团队成员的知识行为。授权型领导意味着领导范式上的转换，其理论基础是自我行为管理、认知行为调节、社会认知理论和目标制定参与等，强调的是员工的自我影响，而非自上而下的外在影响。在研发团队中，采用授权式行为的领导会相信团队成员是知识和创造力的重要来源，更重视其自我管理和自我控制。一方面，授权型领导可以塑造研发团队的创造氛围，增加团队成员之间的知识分享意愿，提高团队知识转移效率，有利于创造力的发展。另一方面，授权型领导可以提高团队成员的自我创造效能，促进其对研发工作的投入，提高知识共享的安全感，激活知识创造的信心，有利于获得更高的创造绩效。由此，本书深入解释了在知识网络的重要情境下，授权型领导如何通过作用于成员的自我创造效能和团队创造氛围进而影响创造力的内在原理，延伸了团队管理和领导领域的相关理论。

6.3 管 理 建 议

在数字经济时代，企业研发活动的关键是根据问题情境和任务复杂性投入相关领域的专业知识，通过良好的知识互动和知识协同效应提高研发团队的创造力。结合以上研究结果，本书提出了以下四条管理建议。

(1) 创建有效的知识网络，培育良好的知识交流环境。

研发是一项高度的知识依赖性活动，包含了从个体知识到团队知识的往复循环过程，以及基于创新任务的知识转移、知识共享、知识利用和知识创造等管理过程。研发团队的知识创新是以团队成员之间的知识共享和专长互补为前提的，由这些成员的知识互动关系所构建的知识网络会影响研发团队的创造绩效。本书的研究结论有助于管理者系统化地理解和把握研发团队知识网络的构建与优化途径。

在研发过程中，管理者应基于企业自身优势和研发活动特色，采取有效措施吸引具有多样化知识背景的研发人员，利用知识互补优势和有效的知识互动机制，建立并激活知识网络。在新技术及新产品的开发过程中，团队管理者需要根据研发任务的进展调整团队管理方式，组织各类团队会议，激励团队成员积极参与到研发决策之中，促进成员之间的知识交流与共享，以建立相对密集的团队知识网络。例如，企业可以通过定期召开例会的形式，让员工分享近期的工作收获与经验，以及遇到的困难，鼓励员工进行交流讨论。同时，也可以建立企业内部专门的知识网站，方便每个员工从中上传或者下载各类学习资料，提供知识求助或支援的媒介。对于积极提供知识帮助、回答问题的员工，应在绩效考核方面适当地给予加分，以激发员工知识共享的热情。此外，定期对员工进行培训或开展素质拓展、联欢会等活动，也可以提高员工间的凝聚力，促进知识网络的发展和优化。

(2) 建立平等的交流模式，注重知识网络结构治理。

在研发团队的知识网络中，不同类型的知识可能以不同的方式流通，这些知识在所有团队成员之间并不是平等交流或均匀流动的。例如，技术知识的交流可能对所有研发团队成员开放，而市场和管理知识的交流则具有选择性。具有更高创造力的团队会通过团队讨论及识别与创造性任务相关的问题，提出独特的想法。然而，一位强势的领导甚至强势的同事的主导行为，会影响团队中所提出的想法或观点的异质性。团队中决定知识网络中介中心势的因素包括正式权威、外部工作关系、教育程度和专长水平等，所导致的过高知识权力容易遏制团队创造力。

因此，知识网络治理是研发团队管理的重要内容。研发成效不仅与特定的知识共享、知识创造及知识优势阶段的内部知识流动相关联，同时还会受团队知识网络整体结构特征的影响。较高的团队知识网络点度中心性会显著提高团队交互记忆系统的发展速度或成熟度，促进团队的知识创造或研发成效，而团队知识网络的中介中心势则应适度降低。为了建立平等的交流模式，鼓励每位成员参与知识共享，管理者可以通过强调个人尊重与参与安全的团队规范，建立活跃、开放的知识共享氛围和扁平化的平等交流模式，尊重少数人意见，避免受到部分成员的支配，防止出现知识孤岛或信息黏滞，充分发挥团队知识资源的价值。

(3) 发展交互记忆系统，提升团队创造力。

研发团队成员通过运用其专业知识、工作技能、技巧和经验等构建团队知识库。团队知识结构和知识存量决定了团队成员获取知识的内容和能力基础，而活跃的团队知识网络则可以推进团队内部的知识吸收与转移，促进交互记忆系统的发展。团队成员对彼此专长的了解与信任有利于建立有效的专长协同机制，帮助团队成员准确识别关键的认知资源，为高水平的知识共享和转移创造条件。

因此，管理者应充分利用知识网络的功能，加强交互记忆系统的建设，以促进团队创造力的发展。例如，利用知识库、知识地图等工具，建立良好的知识检索与交流平台，便于团队成员快速、高效地获取所需知识。此外，也可以通过建设知识搜索平台、组织交叉培训、举行定期的团队活动等，指导团队发展成熟的交互记忆系统，以提升研发团队的创造力。

(4) 发挥授权型领导角色，提升团队成员创造力。

团队成员是否能够形成密切的知识协作，充分利用每位成员的异质性专长，激发团队成员的发散性思维，促进创造力的提升，不仅依赖于合理的团队结构和恰当的任务安排，还取决于团队中有效的领导行为。团队领导应该注重开发成员自主决策和自主工作的能力，并营造更加自由、灵活的团队创新氛围。例如，鼓励成员在创造过程中提出新思想、新方法，并允许成员在创造过程中犯错。当成员感觉到领导的鼓励和支持时，他们就更愿意投身于创造活动中。

因此，管理者可以用授权型领导的角色，促进团队知识互动和激发成员创造力。例如，认真倾听和采纳成员的想法，认可与重视研发人员，帮助成员成长，提升他们的工作积极性和自信心。同时，鼓励成员参与决策，而非独断专行，通过一些挑战性的工作安排，提高成员的知识共享意愿与工作热情，激发其创造力，进而带来更好的团队创造成果，增加企业技术创新成功的机会。

6.4　研究局限与展望

本研究主要存在以下局限性，尚需在今后的研究中开展更为深入的探索。

在第一个案例研究中，由于受时间、精力及社会资源的影响，采取了方便抽样而非随机抽样的方法，企业的数量及类型会受到一定的限制。根据与企业联络人的关系选择了汽车行业和生物技术行业中两个较为熟悉的企业，预期能够为本研究收集尽可能多的信息。企业性质和行业方面的局限是一个需要考虑的问题，不同企业在经营方式、组织文化和领导行为等方面都存在较大的差异，会直接或间接地影响研究结果。而且，本研究收集的是企业研发团队的横截面数据，虽然能够在一定程度上反映数据之间的相互关系，但仍然较难揭示这些变量之间的内在逻辑关系。另外，在访谈过程中也受限于研究者本人的思路，所拟定的访谈提纲尚不足以揭示研发团队的知识过程全貌；受访者的回答也可能受到社会称许性、访谈方式等方面的影响，未必都与实际情况相符。因此，本研究所得出的结论还有待于未来样本范围更广、时间跨度更大的实证研究的检验。

在第二个子研究中，首先，考虑到收集社会网络数据的难度，本研究的调研样本通过联络人的关系选择了国内 17 家企业的 52 个研发团队，可能会存在组织文化和其他组织特征方面的偏差。这些因素都可能影响本研究的结论对其他研发团队的概化效度，尚需进一步的检验。其次，研发团队的创造力来自团队领导和所有团队成员，自我报告的数据可能带有一定的社会称许性。再次，团队交互记忆系统的产生与发展具有动态性，会随着时间的推移和人员的变动而发生变化。本研究只选择了当前团队发展阶段的截面数据。最后，团队知识网络的特征还涉及很多方面，仅仅考虑网络中心性的结构性因素，不足以刻画研发团队知识活动的本质，未来还需要对团队知识网络展开更多的探索。

在最后一个子研究中，由于研究条件的限制，我们采用了主管评价的方法测量团队创新氛围，只反映了团队主管的主观感受，而没有充分结合团队成员的自我评价，因此可能导致研究结论上的偏差。在未来研究中，需要结合多种测量方法，以便对变量关系开展交叉验证。虽然本研究从整合视角出发，聚焦于自我创造效能与团队创新氛围两个重要的个体和团队过程变量，对授权型领导与成员创造力之间的关系进行了研究，为员工的创造力带来新的想法，但是员工的认知冲突可能干预共识，使其创造力受到影响。因此，未来研究还可以关注认知冲突等其他调节变量，如认知冲突的数量等具体的情境因素的影响。

此外，研发团队的创造力作为创新的一种潜质，在很大程度上会形成某种有形或无形的最终产品。当前研究多为静态分析，较少关注研发创造力如何转化为创新产品的动态过程，也无法揭示不同的创造阶段对个体、团队或组织方面的要求。未来还可以关注从创造到创新的转化过程，对细化的研发创造阶段开展实证研究，揭示不同阶段创造力的内在作用机理。

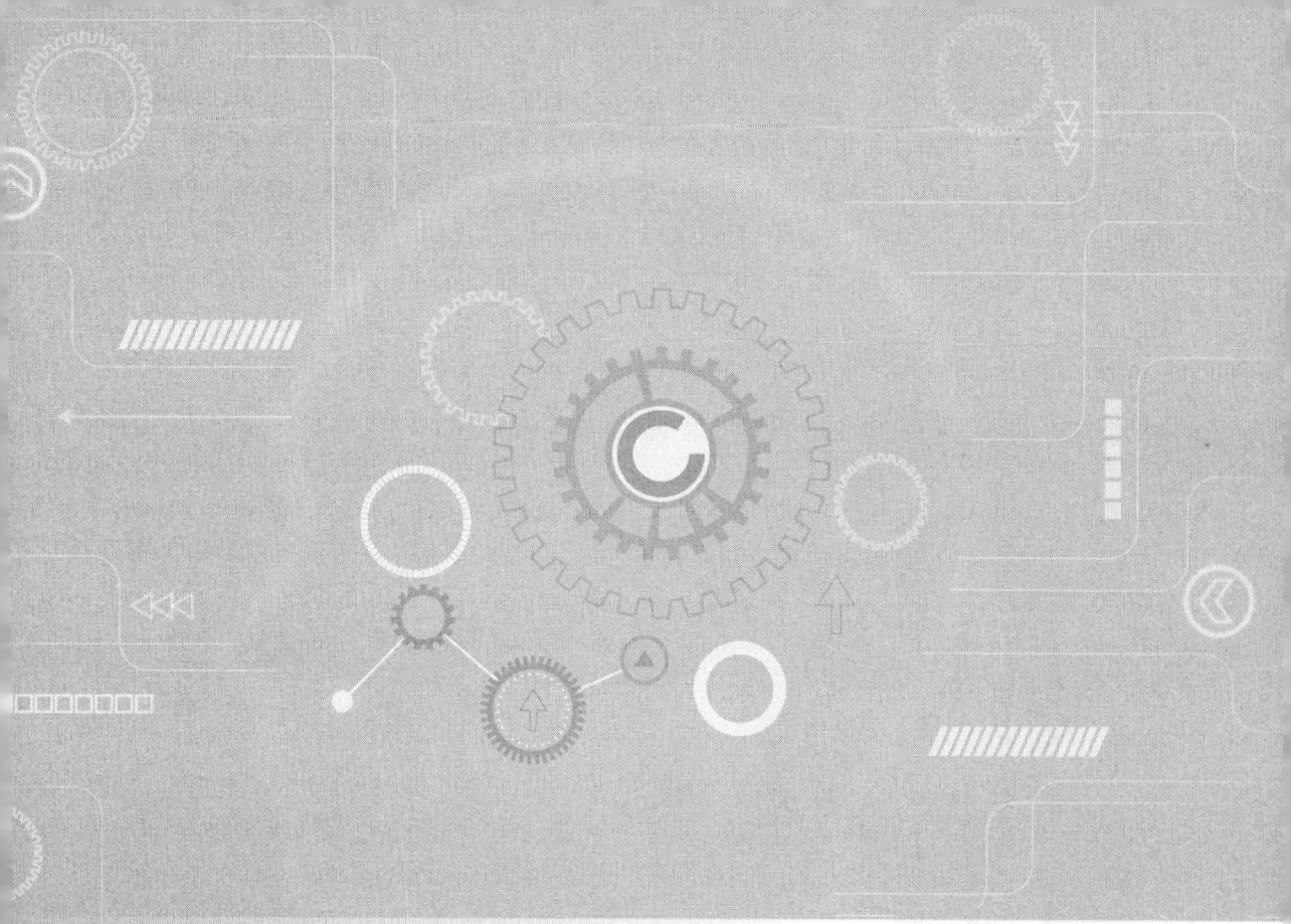

附　　录

附录 A　访谈提纲

第一部分　公司概况

1. 公司介绍：经营范围、主要产品、组织架构、组织文化。

2. 研发部门：人员信息、研发投入占比。

第二部分　研发团队概况

1. 请描述研发团队及其成员的特征，包括：

(1) 研发团队名称、规模、部门结构、工作内容；

(2) 团队成员性别、年龄、专业、学历、职位、在该公司的工作时长等。

2. 研发团队需要什么样的人才？哪些人更有创造力？

3. 您在最近一年中参加过哪些研发项目？最有成就感的是哪一项？这个创意是怎样产生的？

4. 团队或组织层面有哪些因素会对团队知识协作或知识沟通产生影响？

5. 团队完成研发工作需要哪些知识和能力？团队成员如何沟通不同领域的专长或知识？

6. 团队成员之间平时关系如何？有哪些具体的知识互动或交流方式？频率如何？

7. 团队成员是否清晰了解和信任彼此的知识？协作关系如何？

8. 研发团队的主要工作及流程是什么？如何进行研发绩效评估？

9. 请以参加过的产品研发项目为例，描述项目开发流程或过程中的障碍或突发事件，团队是如何解决该问题或瓶颈的？团队领导在该过程中表现出哪些行为？

10. 在知识沟通方面，部门之间合作关系如何？

11. 团队成员的哪些行为有利于提高团队的研发效率？

12. 团队主管或领导在你的工作中扮演哪些角色？

13. 公司对创造或创新有什么奖励措施？对创造型人才的甄选与培育方式有哪些？

14. 对于团队知识行为方面的讨论，您有什么要补充的吗？

附录 B 概念与范畴汇总表

代 号	范 畴	概 念	相关标签示例
A1	团队属性	团队基本属性	团队名称、规模、成立时间
		人口统计因素	性别比例、教育水平、年龄构成
A2	成员特质	主动性	主动性、积极主动、用功
		冒险性	冒险、承担风险、有胆量去想
		稳定性	静得下心、稳定、耐压
		灵活性	灵活、反应快、改变策略
		延展性	延伸性、肯思考、有主见
		整合性	系统、整合能力
		合作性	合作能力、合作精神
		自我效能感	成就动机、目标导向、寻求信息反馈、相信自己
A3	知识异质性	知识内容	专业知识、行业发展动态、动手操作能力
		知识差异	知识多样化、专业互补、能力不同
A4	任务特征	复杂性	关系错综复杂、什么都要办、多部门配合
		互依性	集体完成任务、团队力量
		模糊性	概念不清晰、未知、没头绪
		紧迫性	紧急、短时间研发、突发事件
A5	授权型领导	鼓励参与决策	鼓励、倾听、共同决策
		培养员工成长	提高员工自治能力、指导员工
		提供信息支持	提供信息、信息反馈
		信任下属	信任、友好、支持员工
		以身作则	以身作则、领导就是榜样
A6	组织特征	组织基本属性	规模、成立时间、企业成长
		行业竞争	行业发展水平、行业竞争、市场份额
A7	创新支持	研发投入	组建技术队伍、研发资金投入、人才引进
		创新奖励	设立年度创新奖、薪金加奖金、技术进步奖
		其他支援系统	环境、硬件设施、信息系统、知识管理系统

代　号	范　畴	概　念	相关标签示例
A8	组织文化	团队导向	团队工作形式、团队合作、班子
		教育与培训	内部培训、学习、培训计划卡
		变革与创新	追求新技术、力求变革、创新理念
A9	研发工作流程	产品研发流程	小试、中试、产业化
		创意产生的阶段	概念设计、功能开发、创意贯穿始终
A10	社会互动模式	工作行为模式	会议、微信、晨会、团队活动
		成员人际关系	冲突、和谐、关系敏感
A11	创造成果	专利数量	实用新型专利、外观设计专利、发明专利
		开发周期	平均开发周期、短于行业平均周期
		质量合格率	合格率提高、次品率降低
		产品竞争力	节省成本、增加收入、提高产能
A12	问题解决	研发难题	报告出错、质量内审
		问题应对	集体思考、团队协作
A13	交互记忆系统	任务知识专业化	专业的事情由专人负责、能力互补
		了解和信任	尊重每个人的观点、信任他人、信息可靠
		知识协调	集体智慧集体努力、顺利高效、工作混乱
A14	团队创造氛围	团队目标和价值	目标认同、致力于目标实现、肯定价值
		理解与接纳	共享信息、倾听别人观点
		创造支持	提供资源、快速响应
		任务导向	工作问题评估、工作标准、监督
		互动频度	团队互动频繁、固定会议
A15	成员创造力	想象力	丰富的想象力、不寻常的想法
		新颖性	新的设计思路、新的架构方法
		开创性	首次技术采用、成功开发
A16	团队创造力	新颖性	新的工作方式、新的设计思路
		实用性	创造性的问题解决、有用
		柔性	不同的方法、变通能力

附录 C 研发团队调研问卷(一)

尊敬的女士/先生:

您好!此次问卷调查的目的是了解您所在工作团队的知识互动现状,您的意见至关重要。本问卷按实名制人手一份,所收集的信息纯用于学术研究,调查人员承诺对您交回的问卷予以严格保密,敬请放心填写。

问卷填写说明:

根据统计分析的需要,请您务必填答"**基本信息**",并在与您的信息相符的选项前直接打"√"。非常感谢您热忱的参与、耐心的配合!

基本信息

您的性别:□男　　□女

您的教育背景:□本科以下　　□本科　　□硕士　　□博士

您的年龄:□<20　□20～24　□25～29　□30～34　□35～39　□40～49

团队的成立年限:□1 年以内　□1～3 年　□4～6 年　□7～10 年　□10 年以上

团队会议频率:□每月 1 次或少于 1 次　□每月 2～3 次　□每周 1 次　□每周超过 1 次

研发活动性质:□基础研究　□技术开发　□其他

您所在研发团队的名称:＿＿＿＿＿＿＿＿＿＿＿＿＿＿＿＿＿＿＿＿

团队规模:＿＿＿＿＿(人)

您的职位：_____

(1) 知识互动情况。

本部分旨在了解您目前所在团队的成员知识及其互动的情况。右侧的选项1～5 表示该题项与您所在团队情况的相符程度，分别为：1=从不；2=较少；3=一般；4=较多；5=总是。请在您认为最合适的选项上打"√"。

团队人员姓名	当您在工作中遇到困难时，您会在多大程度上从**以下成员**那里寻求信息或知识帮助？				
	1	2	3	4	5
	1	2	3	4	5
	1	2	3	4	5
	1	2	3	4	5
	1	2	3	4	5
	1	2	3	4	5
	1	2	3	4	5
	1	2	3	4	5
	1	2	3	4	5

(2) 交互记忆系统。

本部分旨在了解您目前所在团队成员之间共同编码、存储与检索知识的机制。右侧的选项1～7，表示该题项与您所在团队的相符程度，分别为：1=非常不符合，2=不符合，3=有些不符合，4=不确定，5=有些符合，6=符合，7=非常符合。请在您认为最合适的选项上打"√"。

	非常不符合━━━━非常符合						
1.我们团队中的每位成员都具有与任务有关的某方面的知识	1	2	3	4	5	6	7
2.我具有其他团队成员不了解的与项目有关的知识	1	2	3	4	5	6	7
3.我们每位团队成员各自负责不同方面的专长	1	2	3	4	5	6	7
4.我们团队中不同的成员所具有的专门知识都是完成任务所需要的	1	2	3	4	5	6	7
5.我了解团队成员各自在具体方面的专长	1	2	3	4	5	6	7

6.我能够舒服地接受其他团队成员的建议	1	2	3	4	5	6	7
7.我相信团队中其他成员掌握的有关我们项目的知识是可以信赖的	1	2	3	4	5	6	7
8.我相信团队中其他成员在讨论中提出的信息是可靠的	1	2	3	4	5	6	7
9.我相信其他团队成员提供的信息，不会去怀疑	1	2	3	4	5	6	7
10.我相信其他团队成员的专长	1	2	3	4	5	6	7
11.一起工作时，我们团队协调得很好	1	2	3	4	5	6	7
12.我们团队对于该做什么很少产生误解	1	2	3	4	5	6	7
13.我们团队很少回头对已经做过的工作重新再做一遍	1	2	3	4	5	6	7
14.我们顺利而且有效率地完成任务	1	2	3	4	5	6	7
15.我们对如何完成任务很少体会到混乱	1	2	3	4	5	6	7

(3) 团队创造力。

本部分旨在了解您目前所在**团队的创造绩效**。右侧的选项1～7，表示该题项与您所在团队的相符程度，分别为：1=非常不符合，2=不符合，3=有些不符合，4=不确定，5=有些符合，6=符合，7=非常符合。请在您认为最合适的选项上打"√"。

	非常不符合————非常符合						
1.我们团队经常尝试用不同方法来开展工作或解决当前问题	1	2	3	4	5	6	7
2.我们团队在考虑新的和更好的工作执行方式上，有着高度的想象力	1	2	3	4	5	6	7
3.当工作中出现非常规问题时，我们经常创造新的方法来应对这种情况	1	2	3	4	5	6	7

调查问卷到此结束，感谢您的积极参与！

附录 D 研发团队调研问卷(二)

尊敬的女士/先生:

您好!此次问卷调查的目的是了解您所在工作团队的知识互动现状,您的意见至关重要。本问卷按实名制人手一份,所收集的信息仅用于学术研究,调查人员承诺对您交回的问卷予以严格保密,敬请放心填写。

本问卷大概会占用您 5 分钟左右的时间。感谢您对我们科研工作的支持!祝您工作顺利、家庭幸福!

问卷填写说明:

根据统计分析的需要,请您务必填答"**基本信息**",并在与您的信息相符的选项前直接打"√"。非常感谢您热忱的参与、耐心的配合!

基本信息

您的性别:□男   □女

您的教育背景:□大专以下   □大专   □本科   □硕士   □博士

您的年龄:□<20   □20~24   □25~29   □30~34   □35~39   □40~49

您在当前团队的工作年限:□1 年以内   □1~3 年   □4~6 年   □7~10 年

研发活动性质:□基础研究   □技术开发   □其他

您所在研发团队的名称:＿＿＿＿＿＿＿＿＿＿＿＿＿＿＿＿＿＿

规模:＿＿＿＿＿＿(人)

您的职位:＿＿＿＿＿＿＿＿＿＿＿＿＿＿＿＿

您目前的工作领域:＿＿＿＿＿＿＿＿＿＿＿＿＿＿＿＿＿

(1) 团队创造力。

本部分旨在了解您目前所在**团队的创造绩效**。右侧的选项 1～7，表示该题项与您所在团队的相符程度，分别为：1=非常不符合，2=不符合，3=有些不符合，4=不确定，5=有些符合，6=符合，7=非常符合。请在您认为最合适的选项上打"√"。

	非常不符合 ◁▬▬▷ 非常符合						
D1. 我们团队经常尝试用不同方法来开展工作或解决当前问题	1	2	3	4	5	6	7
D2. 我们团队在考虑新的和更好的工作执行方式上，有着高度的想象力	1	2	3	4	5	6	7
D3. 当工作中出现非常规问题时，我们经常创造新的方法来应对这种情况	1	2	3	4	5	6	7

(2) 自我创造效能。

本部分旨在了解您对自己是否具有**创造力的认识**。右侧的选项 1～7，表示该题项与您所在企业情况的相符程度，分别为：1=非常不符合，2=不符合，3=有些不符合，4=不确定，5=有些符合，6=符合，7=非常符合。请在您认为最合适的选项上打"√"。

	非常不符合 ◁▬▬▷ 非常符合						
E1. 我觉得自己善于产生新的想法	1	2	3	4	5	6	7
E2. 我有信心能够创造性地解决问题	1	2	3	4	5	6	7
E3. 我有进一步发展别人想法的窍门	1	2	3	4	5	6	7

(3) 团队创造氛围。

本部分旨在了解您所在**团队的创造氛围**。右侧的选项 1～7，表示该题项与您所在团队的相符程度，分别为：1=非常不符合，2=不符合，3=有些不符合，4=不确定，5=有些符合，6=符合，7=非常符合。请在您认为最合适的选项上打"√"。

FA1．我清晰了解我所在团队的目标	1	2	3	4	5	6	7
FA2．这些团队目标是有用而且合适的	1	2	3	4	5	6	7
FA3．我同意这些团队目标	1	2	3	4	5	6	7
FA4．其他团队成员同意这些团队目标	1	2	3	4	5	6	7
FA5．其他团队成员清晰理解这些团队目标	1	2	3	4	5	6	7
FA6．这些团队目标能真正实现	1	2	3	4	5	6	7
FA7．这些团队目标对我是有价值的	1	2	3	4	5	6	7
FA8．这些团队目标对组织是有价值的	1	2	3	4	5	6	7
FA9．这些团队目标对社会是有价值的	1	2	3	4	5	6	7
FA10．这些团队目标是现实的且能够达成	1	2	3	4	5	6	7
FA11．团队成员都致力于实现这些目标	1	2	3	4	5	6	7
FB1．我们普遍在团队中共享信息，而非自我保留	1	2	3	4	5	6	7
FB2．我们有"在团队中一起工作"的态度	1	2	3	4	5	6	7
FB3．我们都相互影响	1	2	3	4	5	6	7
FB4．团队成员相互告知有关工作方面的事情	1	2	3	4	5	6	7
FB5．团队成员彼此理解和接纳	1	2	3	4	5	6	7
FB6．每个人的观点都得到倾听，哪怕这种看法占少数	1	2	3	4	5	6	7
FB7．整个团队都在真正努力地共享信息	1	2	3	4	5	6	7
FB8．团队中存在大量的意见交换	1	2	3	4	5	6	7
FC1．我们团队总在努力开发新的解决方案	1	2	3	4	5	6	7
FC2．在开发新想法的过程中，容易得到帮助	1	2	3	4	5	6	7
FC3．团队对变化既开放又能迅速响应	1	2	3	4	5	6	7
FC4．团队成员总是在寻求鲜活且新颖的看问题的方式	1	2	3	4	5	6	7
FC5．在团队中，我们会花费时间来开发新点子	1	2	3	4	5	6	7
FC6．团队成员相互合作以帮助开发和应用新点子	1	2	3	4	5	6	7
FC7．团队成员提供和分享资源，以帮助应用新点子	1	2	3	4	5	6	7
FC8．团队成员对新点子及其应用提供实践支持	1	2	3	4	5	6	7
FD1．团队同事给我提供有益的思路和切实的帮助，使我可以竭尽所能地做好工作	1	2	3	4	5	6	7
FD2．我和我的团队同事互相监督，以保持更高的工作标准	1	2	3	4	5	6	7
FD3．团队成员会想要质疑团队当前工作的合理性	1	2	3	4	5	6	7
FD4．我们团队严格评估当前工作中存在的潜在不足，以实现可能的最佳结果	1	2	3	4	5	6	7

FD5. 团队成员借鉴并发展彼此的想法，以实现可能的最佳结果	1	2	3	4	5	6	7
FD6. 团队成员真正关注"团队应该达到最高的绩效标准"这一问题	1	2	3	4	5	6	7
FD7. 我们团队存在成员们努力达到的明确标准，以成为一个卓越的团队	1	2	3	4	5	6	7
FE1. 作为团队，我们相互保持联系	1	2	3	4	5	6	7
FE2. 我们彼此之间保持定期联络	1	2	3	4	5	6	7
FE3. 团队成员经常正式或非正式地碰面交谈	1	2	3	4	5	6	7
FE4. 我们频繁互动	1	2	3	4	5	6	7

(4) 授权型领导风格。

本部分旨在了解您的**直接领导(就是评估您的工作表现的人)**的行为。右侧的选项1～7，分别表示：1=非常不符合，2=不符合，3=有些不符合，4=不确定，5=有些符合，6=符合，7=非常符合。请在您认为最合适的选项上打"√"。

我的领导： 非常不符合————非常符合

GA1. 帮助我了解怎样把个人目标与公司目标联系起来	1	2	3	4	5	6	7
GA2. 帮助我理解我的工作对于公司整体成效的重要性	1	2	3	4	5	6	7
GA3. 帮助我了解我的工作大局观	1	2	3	4	5	6	7
GB1. 会和我一起做很多决策	1	2	3	4	5	6	7
GB2. 经常在做战略性决策时征询我的意见	1	2	3	4	5	6	7
GB3. 一些可能对我有影响的决策不会征询我的意见	1	2	3	4	5	6	7
GC1. 相信我可以处理好艰巨的任务	1	2	3	4	5	6	7
GC2. 相信即使我犯错误，也有能力去改进	1	2	3	4	5	6	7
GC3. 对我的执行力有信心	1	2	3	4	5	6	7
GD1. 允许我用自己的方式开展工作	1	2	3	4	5	6	7
GD2. 通过将规则程序化、简单化，来保证我更有效率	1	2	3	4	5	6	7
GD3. 允许我快速做出重要的决定，以满足顾客的需求	1	2	3	4	5	6	7

本问卷到此结束，非常感谢您的认真填答！

附录 E 团队领导调查问卷

尊敬的女士/先生：

您好！本问卷旨在了解您所领导的团队成员在工作中的创造能力。本调查仅用于学术研究，所有内容将予以严格保密，恳请您仔细阅读并根据实际情况放心填写。每个问题所反映的信息对我们都非常宝贵，敬请您勿遗漏每一项。感谢您对我们科研工作的支持，祝您工作顺利、家庭幸福！

问卷填答说明：

"团队"可以是您所在的研究所，或者研究所中细分的班组、科室、项目组等更小的任务单元。

一、基本信息

1. 您的性别：□男　　□女

2. 您的年龄：□20～24　□25～29　□30～34　□35～39　□40～44

　　　　　　　□≥45

3. 您的教育背景：□大专以下　□大专　□本科　□硕士　□博士

4. 您直接领导的团队的名称：＿＿＿＿＿＿＿＿＿＿＿＿

　　规模：＿＿＿（人）

5. 您在当前团队的管理工作年限：□1 年以下　　□1～3 年　　□4～5 年

□6～10 年　　□10 年以上

二、团队成员创造力

请根据您所领导的某一团队的**实际成员数量**，分别对每个人进行评价，在您认为最合适的选项上打"√"，多余成员选项可留空。若**超过 10 人**，则请您**任选**

其中 **10** 人进行评价。在填写问卷时，您可以(不必须)在括号处作**任意标记**，以区分不同的成员，例如"张明"，可以标记为"ZM"。

其中，1=很不同意，2=较不同意，3=一般，4=比较同意，5=非常同意。

第 1 位团队成员(　　　)：

很不同意━━━非常同意

1. 首先尝试新点子或新方法	1	2	3	4	5
2. 寻求解决问题的新点子和新方式	1	2	3	4	5
3. 提出在该领域有开创性的想法	1	2	3	4	5
4. 是一位富有创造力的模范员工	1	2	3	4	5

第 2 位团队成员(　　　)：

很不同意━━━非常同意

1. 首先尝试新点子或新方法	1	2	3	4	5
2. 寻求解决问题的新点子和新方式	1	2	3	4	5
3. 提出在该领域有开创性的想法	1	2	3	4	5
4. 是一位富有创造力的模范员工	1	2	3	4	5

第 3 位团队成员(　　　)：

很不同意━━━非常同意

1. 首先尝试新点子或新方法	1	2	3	4	5
2. 寻求解决问题的新点子和新方式	1	2	3	4	5
3. 提出在该领域有开创性的想法	1	2	3	4	5
4. 是一位富有创造力的模范员工	1	2	3	4	5

第 4 位团队成员(　　　)：

很不同意━━━非常同意

1. 首先尝试新点子或新方法	1	2	3	4	5
2. 寻求解决问题的新点子和新方式	1	2	3	4	5
3. 提出在该领域有开创性的想法	1	2	3	4	5
4. 是一位富有创造力的模范员工	1	2	3	4	5

第 5 位团队成员(　　　)：

很不同意━━━非常同意

1. 首先尝试新点子或新方法	1	2	3	4	5
2. 寻求解决问题的新点子和新方式	1	2	3	4	5
3. 提出在该领域有开创性的想法	1	2	3	4	5
4. 是一位富有创造力的模范员工	1	2	3	4	5

第 6 位团队成员 (　　　):

很不同意━━━━━非常同意

	很不同意				非常同意
1．首先尝试新点子或新方法	1	2	3	4	5
2．寻求解决问题的新点子和新方式	1	2	3	4	5
3．提出在该领域有开创性的想法	1	2	3	4	5
4．是一位富有创造力的模范员工	1	2	3	4	5

第 7 位团队成员 (　　　):

很不同意━━━━━非常同意

	很不同意				非常同意
1．首先尝试新点子或新方法	1	2	3	4	5
2．寻求解决问题的新点子和新方式	1	2	3	4	5
3．提出在该领域有开创性的想法	1	2	3	4	5
4．是一位富有创造力的模范员工	1	2	3	4	5

第 8 位团队成员 (　　　):

很不同意━━━━━非常同意

	很不同意				非常同意
1．首先尝试新点子或新方法	1	2	3	4	5
2．寻求解决问题的新点子和新方式	1	2	3	4	5
3．提出在该领域有开创性的想法	1	2	3	4	5
4．是一位富有创造力的模范员工	1	2	3	4	5

第 9 位团队成员 (　　　):

很不同意━━━━━非常同意

	很不同意				非常同意
1．首先尝试新点子或新方法	1	2	3	4	5
2．寻求解决问题的新点子和新方式	1	2	3	4	5
3．提出在该领域有开创性的想法	1	2	3	4	5
4．是一位富有创造力的模范员工	1	2	3	4	5

第 10 位团队成员 (　　　):

很不同意━━━━━非常同意

	很不同意				非常同意
1．首先尝试新点子或新方法	1	2	3	4	5
2．寻求解决问题的新点子和新方式	1	2	3	4	5
3．提出在该领域有开创性的想法	1	2	3	4	5
4．是一位富有创造力的模范员工	1	2	3	4	5

参 考 文 献

[1] Ahearne M, Mathieu J, Rapp A. To empower or not to empower your sales force? An empirical examination of the influence of leadership empowerment behavior on customer satisfaction and performance[J]. Journal of Applied Psychology, 2005, 90(5): 945-955.

[2] Alavi M, Leidner D E. Review: Knowledge management and knowledge management systems: conceptual foundations and research Issues[J]. MIS Quarterly, 2001, 25(1): 107-136.

[3] Ali A, Wang H, Boekhorst J A. A moderated mediation examination of shared leadership and team creativity: A social information processing perspective[J]. Asia Pacific Journal of Management, 2021(5). https://doi.org/10.1007/s10490-021- 09786-6

[4] Amabile T M. A model of creativity and innovation in organizations[J]. Research in Organisational Behaviour, 1988, 10: 123-167.

[5] Amabile T M. Creativity in context: Update to "the social psychology of creativity"[M]. Boulder, CO, US: Westview Press, 1996.

[6] Anderson N, Potonik K, Zhou J. Innovation and creativity in organizations: A state of the science review, prospective commentary, and guiding framework[J]. Journal of Management, 2014, 40(1): 1297-1333.

[7] Anderson N R, West M A. The Team Climate Inventory: Development of the TCI and its applications in team building for innovativeness[J]. European Journal of Work and Organizational Psychology, 1996, 5(1): 53-66.

[8] Bachrach D G, Lewis K, Kim Y S, etc. Transactive Memory Systems in Context: A Meta-Analytic Examination of Contextual Factors in Transactive Memory Systems Development and Team Performance[J]. Journal of Applied Psychology, 2019, 104(3): 464-493.

[9] Bandura A. Self-efficacy: The Exercise of Control[M]. Freeman and Company, New York, 1997.

[10] Barabasi A L. Linked: the New Science of Networks[M]. Cambridge: Perseus Publishing, 2002.

[11] Barron F, Harrington D M. Creativity, Intelligence, and Personality[J]. Annual Review of Psychology, 1981, 32: 439-76.

[12] Bartko J J. On Various Intra-class Correlation Reliability Coefficients[J]. Psychological Bulletin, 1976, 83: 762-775.

[13] Becker M H. Sociometric location and innovativeness: Reformulation and extension of the diffusion model[J]. American Sociological Review, 1970, 35(2): 267-282.

[14] Benham H C. An empirical exploration of software development quality[J]. Issues in Information Systems, 2008, 9(2): 267-271.

[15] Bharadwaj S Menon A. Making innovation happen in organizations: Individual creativity mechanisms, organization creativity mechanisms or both[J]? Journal of Production Innovation Management, 2000, 17: 424-434.

[16] Brennecke J, Stoemmer N. The network-performance relationship in knowledge-intensive contexts: A meta-analysis and cross-level comparison[J]. Human Resource Management, 2018, 57(1): 11-36.

[17] Cao Z, Yuan X. Research on the Management Transplantation of Multinational Companies Based on the Parent-Subsidiary Relationship[C]. International Conference on Strategic Management, 2009, 6: 843-849.

[18] Chiravuri A, Ambrose P J. Exploring the role of self-efficacy, playfulness, and creative self-efficacy in information systems development[J]. Issues in Information Systems, 2007, 8(2): 200-206.

[19] Choi J N. Group Composition and Employee Creative Behaviour in a Korean Electronics Company: Distinct Effects of Relational Demography and Group Diversity[J]. Journal of Occupational and Organizational Psychology, 2007, 80: 213-34.

[20] Clark K B, Fujimoto T. Product Development Performance[M]. Boston: Harvard Business School Press.1991.

[21] Cohen D. All the world's a net[J]. New Scientist, 2002, 174(2338): 24-29.

[22] Cohen W M, Levinthal D A. Absorptive capacity: A new perspective of learning and innovation[J]. Administrative Science Quarterly, 1990, 35: 128-152.

[23] Connelly C E, Zweig D, et al. Knowledge hiding in organizations[J]. Journal of Organizational Behavior, 2012, 33(1): 64-88.

[24] Cook P. The creativity advantage-is your organisation the leader of the pack[J]? Industrial and Commercial Training, 1998, 30(5): 179-184.

[25] Cooper R G. A Process model for industrial new product development[J]. IEEE Transactions on Engineering Management, 1983, 30(1): 2-11.

[26] Cropley A J. Recognizing creative potential: An evaluation of the usefulness of creativity tests[J]. High Ability Studies, 2006, 7: 203-219.

[27] Cross R, Cummings J N. ties and network correlates of individual performance in knowledge-Intensive work[J]. Academy of Management Journal, 2004, 47(6): 928-937.

[28] Csikszentmihalyi M. Society, culture, and person: A systems view of creativity[C]. In R. J. Sternberg (Ed.), The nature of creativity: Contemporary psychological perspectives. New York: Cambridge University Press, 1988, 325-339.

[29] De Dreu C K W, West M A. Minority dissent and team innovation: The importance of participation in decision-making[J]. Journal of Applied Psychology, 2001, 86: 1191-1201.

[30] Deci E L, Ryan R M. The support of autonomy and the control of behavior[J]. J Pers Soc Psychol, 1987, 53(6):1024-1037.

[31] Denison D R, Kahn H J A. From chimneys to cross-functional teams: Developing and validating a diagnostic model[J]. Academy of Management Journal, 1996, 39(4): 1005-1023.

[32] Dewett T. Linking intrinsic motivation, risk taking, and employee creativity in an R&D environment[J]. R&D Management, 2007, 37(3): 197-208.

[33] Drach-Zahavy A, Somech A. Understanding team innovation: The role of team processes and structures[J]. Group Dynamics: Theory, Research Practice, 2001, 5(2):111-123.

[34] Eisenberger R, Shanock L. Rewards, intrinsic motivation, and creativity: A case study of conceptual and methodological isolation[J]. Creativity Research Journal, 2003, 15: 121-130.

[35] Farmer S M, Tierney P, Kung-Mcintyre K. Employee creativity in Taiwan: An application of role identity theory[J]. Academy of Management Journal, 2003, 46(5): 618-630.

[36] Fleming L. Recombinant uncertainty in technological search[J]. Management Science, 2001, 47(1): 117-132.

[37] Fleming L, Mingo S, Chen D. Collaborative brokerage, generative creativity, and creative Success[J]. Administrative Science Quarterly, 2007, 52: 443-475.

[38] Ford, B. & Kleiner, B. H. Managing Engineers Effectively[J]. Business, 1987, 37: 49-52.

[39] Ford C M. A theory of individual creative action in multiple social domains[J]. Academy of Management Review, 1996, 21(4): 1112-1142.

[40] Freeman L C. Centrality in social networks: Conceptual clarification[J]. Social Networks, 1978, 1(3): 215-239.

[41] Galunic D C, Rodan S. Resource recombinations in the firm: Knowledge structures and the potential for Schumpeterian innovation[J]. Strategic Management Journal, 1998, 19(12): 1193-1201.

[42] Geng Z, Wang Y, Xue J, et al. Motivating R&D team creativity: the social cognitive effect of external developmental feedback and internal goal interdependence[J]. R&D Management, 2021, 1-12.

[43] Gino F, Argote L, Miron-Spektor E, et al. First, get your feet wet: The effects of learning from direct and indirect experience on team creativity[J]. Organizational Behavior and Human Decision Processes, 2010, 111(2): 102-115.

[44] Gong Y, Huang J C, Farh J L. Employee learning orientation, transformational leadership, and employee creativity: The mediating role of employee creative self-efficacy[J]. Academy of Management Journal, 2009, 52(4):765 -778.

[45] Guan J, Liu N. Exploitative and Exploratory Innovations in Knowledge Network and Collaboration Network: A Patent Analysis in the Technological Field of Nano-energy[J]. Research Policy, 2016, 45(1): 97-112.

[46] Gupta A K, Govindarajan V. Knowledge flows within multinational corporations[J]. Strategic Management, 2000(21): 473-496.

[47] Hansen M T, Mors M L, Lovas B. 2005. Knowledge sharing in organizations: Multiple networks, multiple phases[J]. Academy of Management Journal, 48(5): 776-793.

[48] Hargadon A B, Sutton R I. Technology brokering and innovation in a product development firm[J]. Administrative Science Quarterly, 1997, 42: 716-749.

[49] Hargadon A B. Group cognition and creativity in organisations[J]. Research on Managing Groups and Teams, 1999, 2: 137-155.

[50] Hemphälä J, Magnusson M. Networks for innovation—but what networks and what innovation[J]? Creativity & Innovation Management, 2012, 21(1): 3-16.

[51] Hennessey B A, Amabile T M. The Conditions of Creativity[C]. In West, M.A. & Farr, J. L. (eds.), Innovation and Creativity at Work. Wiley, Chichester, 1990: 11-38.

[52] Herrmann D, Felfe J. Moderators of the relationship between leadership style and employee creativity: the role of task novelty and personal initiative[J]. Creativity Research Journal, 2013, 25: 172-181.

[53] Hitt M A, Beamish P W, Jackson S E, et al. Building theoretical and empirical bridges across levels: Multilevel research in management[J]. Academy of Management Journal, 2007, 50(6): 1385-1399.

[54] Howard-Jones P A, Murray S. Ideational productivity, focus of attention and contextr[J]. Creativity Research Journal, 2003, 15(2/3): 153-166.

[55] Huang C C. Knowledge sharing and group cohesiveness on performance: An empirical study of technology R&D Teams in Taiwan[J]. Technovation, 2009, 29: 786-797.

[56] Huang C E, Liu C H. Employees and Creativity: Social Ties and Access to Heterogeneous Knowledge[J]. Creativity Research Journal, 2015, 27(2): 206-213.

[57] Hunter S T, Bedell K E, Mumford M D. Climate for creativity: a quantitative review[J]. Creativity Research Journal, 2007, 19(1): 69-90.

[58] Hülsheger U R, Anderson N, Salgado J F. Team-level predictors of innovation at work: A comprehensive meta-analysis spanning three decades of research[J]. Journal of Applied Psychology, 2009, 94: 1128-1145.

[59] Iansiti M, West J. Technology Integration: Turning Business Review[J]. Products.1997, 5: 69-79.

[60] Ibarra H, Andrews S B. Power, Social Influence, and Sense Making: Effects of Network Centrality and Proximity on Employee Perceptions[J]. Administrative Science Quarterly, 1993, 38: 277-303.

[61] Ibarra H. Network Centrality, Power, and Innovation Involvement: Determinants of Technical and Administrative Roles[J]. Academy of Management Journal, 1993, 3: 471-501.

[62] Inkpen A C, Tsang E W K. Social capital, networks, and knowledge transfer[J]. Academy of Management Review, 2005, 30(1): 146-165.

[63] Jackson M, Moreland R L. Transactive memory in the classroom[J]. Small Group Research, 2009, 40(5): 508-534.

[64] Jain R K, Triandis H C. Management of R&D organization[J]. New York: Wiley Interscience.1990.

[65] Jiang H, Zhang Q P, Zhou Y. Dynamic creative interaction networks and team creativity evolution: a longitudinal study[J]. Journal of Creative Behavior, 2018, 52(2): 168-196.

[66] Kang S C, Morris S S, Snell S. Relational archetypes, organizational learning and value creation: extending the human resource architecture[J]. Academy of Management Review, 2007, 32(1): 236－256.

[67] Kaplan S, Brooks-Shesler L, King E B, et al. Thinking inside the box: how conformity promotes creativity and innovation. Creativity in Groups[C]. In E. A. Mannix, M. A. Neale, J. A. Goncalo (Eds.). Research on Managing Groups and Teams, Emerald Group Publishing Limited, 2009, 12: 229-265.

[68] Kenny B. Reedy E. The impact of organisational culture factors on innovation levels in SMEs: an empirical investigation[J]. Irish Journal of Management, 2007, 27(2): 119-142.

[69] Kessel M, Kratzer J, Schultz C. Psychological safety, knowledge sharing, and creative performance in healthcare teams[J]. Creativity and Innovation Management, 2012, 21: 147-157.

[70] Kim J, Song C. The relationship between R&D team diversity and team creativity[J]. Management Decision, 2021, 59(2): 175-189.

[71] Klijn M, Tomic W. A review of creativity within organisations from a psychological perspective[J]. Journal of Management Development, 2010, 29(4): 322-343.

[72] Konczak L J, Stelly D J, Trusty M L. Defining and measuring empowering leader behaviors: Development of an upward feedback instrument[J]. Educational and Psychological Measurement, 2000, 60(2): 301-313.

[73] Kozlowski S W J, Bell B S. Work groups and teams in organizations, Handbook of psychology[J]. Industrial and Organizational Psychology, 2003(12): 333-375.

[74] Krogh G V. Care in knowledge creation[J]. California Management Review, 1998, 40(3): 133-153.

[75] Kurtzberg T R, Amabile T M. From Guilford to creative synergy: Opening the black box of team-level creativit[J]. Creativity Research Journal, 2001, 13: 285-294.

[76] Kurtzberg T R. Feeling creative, being creative: An empirical study of diversity and creativity in teams[J]. Creativity Research Journal, 2005, 17: 51-65.

[77] Larson J R, Foster-Fishman P G, Keys C B. Discussion of Shared and Unshared Information in Decision-Making Groups[J]. Journal of Personality & Social Psychology, 1994, 67(3): 446-461.

[78] Lavie D, Drori I. Collaborating for knowledge creation and application: The case of nanotechnology research programs[J]. Organization Science, 2012, 23(3): 704-724.

[79] Leenders R T, Van Engelen J, Kratzer J. Virtuality, communication, and new product team creativity: A social network perspective[J]. Journal of Engineering and Technology Management, 2003, 20: 69-92.

[80] Leonard D, Swap W. When sparks fly: Igniting Creativity in groups[M]. Boston: Harvard Business School Press, 1999.

[81] Levine J M, Moreland R L. Collaboration: The social context of theory development[J]. Personality and Social Psychology Review, 2004, 8(2), 164-172.

[82] Lewis K, Herndon B. Transactive memory systems: Current issues and future research directions[J]. Organisation Science, 2011, 22(5): 1254-1265.

[83] Li Y, Li N, Guo J Z, et al. A Network view of advice-giving and individual creativity in teams: A brokerage-driven, socially perpetuated phenomenon[J]. Academy of Management Journal, 2018, 61(6): 2210-2229.

[84] Liang D W, Moreland R, Argote L. Group versus individual training and group performance: The mediating role of transactive memory[J]. Personality and Social Psychology Bulletin, 1995, 21(4): 384-393.

[85] Liden R C, Tewksbury T W. Empowerment and work teams[C]. In Ferris G R, Rosen S D, Barnum D T(Eds.), Handbook of human resources management. Oxford, England: Black-well. 1995: 386-403.

[86] Lin C P, Liu C M, Hsiao C Y. Assessing transactive memory system and team performance: the moderating role of leadership efficacy[J]. Total Quality Management & Business Excellence, 2021.

[87] Lippman S A, Rumelt R P. Uncertain imitability: An analysis of interfirm differences in efficiency under competition[J]. The bell journal of economics, 1982, 13(2): 418-438.

[88] Liu D, Chen X P, Yao X. From Autonomy to Creativity: A Multilevel Investigation of the Mediating Role of Harmonious Passion[J]. Journal of Applied Psychology, 2011, 96: 294-309.

[89] Lopez-Cabrales A, Pérez-Luño A, Valle Cabrera R. Knowledge as a mediator between HRM practices and innovative activity[J]. Human Resource Management, 2009, 48(4): 485-503.

[90] Madhavan R, Grover R. From embedded knowledge to embodied knowledge: New product development as knowledge management[J]. The Journal of Marketing, 1998, 62(10): 1-12.

[91] Madjar N. Emotional and informational support from different sources and employee creativity[J]. Journal of Occupational and Organizational Psychology, 2008, 81: 83-100.

[92] Mannucci P V, Yong K. The differential impact of knowledge depth and knowledge breadth on creativity over individual careers[J]. Academy of Management Journal, 2018, 61(5): 1741-1763.

[93] Manz C C, Sims H P Jr. Self-management as a substitute for leadership: A social learning perspective[J]. Academy of Management Review, 1980, 5:361-367.

[94] Manz C C, Sims H P Jr. Superleadership: Beyond the myth of heroic leadership[J]. Organizational Dynamics, 1991, 19:18-35.

[95] Marakas G M. Decision Support Systems in the Twenty-first Century[M]. Prentice Hall, Englewood Cliffs, NJ., 1999.

[96] Marquis D G. The anatomy of success in industrial R&D[J]. Innovation, 1969(5):42-50.

[97] Martin S L, Liao H, Campbell E M. Directive versus empowering leadership: a field experiment comparing impacts on task proficiency and proactivity[J]. Academy of Management Journal, 2013, 56(5): 1372-1395.

[98] Mathisena G E, Bronnick K S. Creative self-efficacy: an intervention study[J]. International Journal of Educational Research, 2009, 48(3): 21-29.

[99] McEvily B, Marcus A. Embedded ties and the acquisition of competitive capabilities[J]. Strategic Management Journal, 2005, 26(11): 1033-1055.

[100] Mehra A, Kilduff M, Brass D. The social networks of high and low self-monitors: Implications for workplace performance[J]. Administrative Science Quarterly, 2001, 46(1): 121-146.

[101] Merriam S. Case study research qualitative approach[M]. San Francisco: Jossey-Bass. 1988.

[102] Mesmer-Magnus J R, DeChurch L A. Information sharing and team performance: A meta-analysis[J]. Journal of Applied Psychology, 2009, 94: 535-546.

[103] Michaelsen L K, Watson W E, Black R H. A realistic test on individual versus group consensus decision making[J]. Journal of Applied Psychology, 1989, 74: 834-839.

[104] Miles M B, Huberman A M. Qualitative data analysis[M]. 2nd Edition, Sage Publications, Thousand Oaks. 1994.

[105] Mohammed S, Dumville B C. Team mental models in a team knowledge framework: Expanding theory and measurement across disciplinary boundaries[J]. Journal of Organizational Behavior, 2001, 22: 89-106.

[106] Moliterno T P, Mahony D M. Network theory of organization: A multilevel approach[J]. Journal of Management, 2011, 37(2): 443-467.

[107] Molm L D. Dependence and risk: Transforming and structure of social exchange[J]. Social Psychology Quarterly, 1994, 57: 163-76.

[108] Moore R M. Creativity of small groups and of persons working alone[J]. The Journal of Social Psychology, 2000, 140(1): 142-143.

[109] Mumford M D, Mobley M I, Reiter-Palmon R, et al. Process analytic models of creative capacities[J]. Creativity Research Journal, 1991, 4(2), 91-122.

[110] Murdock M C, Isaksen S G, Lauer K J. Creativity training and the stability and internal consistency of the Kirton Adaption-Innovation Inventory[J]. Psychological Reports, 1993, 72(3c): 1123-1130.

[111] Mário F, Lurdes E. Inter-clustering as a network of knowledge and learning: Multiple case studies[J]. Journal of Innovation & Knowledge, 2020, 5(1): 39-49.

[112] Nahapiet J, Ghoshal S. Social capital, intellectual capital and the organizational advantage[J]. Academy of Management Review, 1998, 23(2): 242-266.

[113] Nelson R R. The co-evolution of technology, industrial structure and supporting institutions[J]. Industrial and Corporate Change, 1994, 3(1): 47-63.

[114] Nemeth C J, Personnaz B, Personnaz M, et al. The liberating role of conflict in group creativity: A study in two countries[J]. European Journal of Social Psychology, 2004, 34: 365-374.

[115] Nieto M J, Santamari´a L. The importance of diverse collaborative network for the novelty of product innovation[J]. Technovation, 2007, 27(3): 367-377.

[116] Nijssen E J, Lieshout K F M. Awareness, use and effectiveness of models and methods for new product development[J]. European Journal of Marketing, 1995, 29 (10): 27-44

[117] Nijstad B A, Stroebe W. How the group affects the mind: A cognitive model of idea generation in groups[J]. Personality and Social Psychology Review, 2006, 10(3): 186-213.

[118] Osborn A F. Applied imagination: Principles and procedures for creative problem-solving[M]. New York, NY: Charles Scribner & Sons. 1953.

[119] Parker S K. Enhancing role breadth self-efficacy: The roles of job enrichment and other organizational interventions[J]. Journal of Applied Psychology, 1998, 83(3): 835-852.

[120] Paulus P B, Dzindolet M. Social influence, creativity and innovation[J]. Social Influence, 2008, 3(4): 228-247.

[121] Paulus P B, Yang H C. Idea generation in groups: A basis for creativity in organisations[J]. Organisational Behaviour and Human Decision Processes, 2000, 82(1): 76-87.

[122] Paulus P B, Dzindolet M, Kohn N W. Collaborative creativity-group creativity and team innovation[J]. Handbook of Organizational Creativity, 2012: 327-357.

[123] Peltokorpi V, Hood A C. Communication in theory and research on transactive memory systems: A literature review[J]. Topics in Cognitive Science, 2018, 11(4): 644-667.

[124] Peltokorpi V, Manka M L. Antecedents and the performance outcome of transactive memory in daycare work groups[J]. European Psychologist, 2008, 13(2): 103-113.

[125] Perry-Smith J E, Mannucci P V. From creativity to innovation: The social network drivers of the four phases of the idea journey. Academy of Management Review, 2017, 42: 53-79.

[126] Perry-Smith J E, Shalley C E. The social side of creativity: A static and dynamic social network perspective. Academy of Management Review, 2003, 28(1): 89-106.

[127] Perry-Smith J E. Social yet Creative: The role of social relationships in facilitating individual creativity. Academy of Management Journal, 2006, 49(1): 85-101.

[128] Petrowski M J. Creativity research: implications for teaching, learning and thinking, Reference Services Review, 2000, 28(4): 304-312.

[129] Phelps C, Heidl R, Wadhwa A. Knowledge, networks, and knowledge networks: A review and research agenda[J]. Journal of Management, 2012,38(4):1115-1166.

[130] Pinar O, Konstantinos K, Michaela G. Creativity through connectedness: The role of closeness and perspective taking in group creativity[J]. Creativity Research Journal, 2018, 30(3): 266-275.

[131] Pisano G P, Wheelwright S C. The New Logic of High-tech R&D. Harvard Business Review, 1995, 73(5): 93-97.

[132] Powell W W, Grodal S. Networks of innovators[C]. In J. Fagerberg, D. C. Mowery and R. R. Nelson (Eds.). The Oxford Handbook of Innovation(pp: 56-85). Oxford, UK: Oxford University Press. 2005.

[133] Rahmi D Y, Indarti N. Examining the relationships among cognitive diversity, knowledge sharing and team climate in team innovation[J]. Team Performance Management, 2019, 25(5/6): 299-317.

[134] Reagans R, McEvily B. Network Structure and Knowledge Transfer: The Effects of Cohesion and Range. Administrative Science Quarterly, 2003, 48(2): 240-267.

[135] Reiter-Palmon R, Herman A E, Yammarino F J. Creativity and cognitive processes: Multi-level linkages between individual and team cognition[J]. Research in Multi-Level Issues, 2015, 7(07):203-267.

[136] Ren Y, Argote L. Transactive memory systems 1985-2010: An integrative framework of key dimensions, antecedents, and consequences[J]. Academy Management Annals, 2011, 5(1): 189-229.

[137] Rese A, Görmar L, Herbig A. Social networks in coworking spaces and individual coworker's creativity[J]. Review of Managerial Science, 2022, 16: 391-428.

[138] Richter A W, Hirst G, Van Knippenberg D, et al. Creative self-efficacy and individual creativity in teams: Cross-level interactions with team informational resources[J]. Journal of Applied Psychology, 2012, 97(6): 1282-1290.

[139] Rodan S. Galunic C. More than network structure: How knowledge heterogeneity influences managerial performance and innovativeness. Strategic Management Journal, 2004, 25(6): 541-562.

[140] Salas E, Dickinson T L, Converse S A, et al. Toward an understanding of team performance and training. In Swezey R W, Salas E (Eds.), Teams: Their training and performance. Norwood: Ablex. 1992: 3-29.

[141] Saviotti P P. On the dynamics of generation and utilisation of knowledge: The local character of knowledge[J]. Structural Change & Economic Dynamics, 2007, 18 (4): 387-408.

[142] Sawyer R K, John-Steiner V, Moran S, et al. The Development of Creativity as a Decision-Making Process[C]. In Creativity and Development (pp. 91-138). Oxford University Press. 2012.

[143] Schneider B. Organizational climates: An essay[J]. Personnel Psychology, 1975, 28(12): 447-479

[144] Schweiger D M, Sandberg W R, Rechner P L. Experiential effects of dialectical inquiry, devils advocacy, and consensus approaches to strategic decision-making. Academy of Management Journal, 1989, 32: 745-772.

[145] Scott G, Leritz L E, Mumford M D. The effectiveness of creativity training: A quantitative review, Creativity Research Journal, 2004, 16(4): 361-388.

[146] Shalley C E, Perry-Smith J E. Effects of social-psychological factors on creative performance: The role of informational and controlling expected evaluation and modeling experience. Organizational Behavior and Human Decision Processes, 2001, 84: 1-22.

[147] Shalley C E, Gilson L L, Blum T C. Matching creativity requirements and the work environment: effects on satisfaction and intentions to leave, Academy of Management Journal, 2000, 43(2): 215-223.

[148] Shalley C E, Zhou J, Oldham G R. The effects of personal and contextual characteristics on creativity: Where should we go from here? Journal of Management, 2004, 30: 933-958.

[149] Shaw M E. Communication networks: Advances in experimental. Social Psychology, 1964, 1(1): 111-147.

[150] Shin Y, Eom C. Team Proactivity as a Linking Mechanism between Team Creative Efficacy, Transformational Leadership, and Risk‐Taking Norms and Team Creative Performance[J]. Journal of Creative Behavior, 2014, 48(2): 89-114.

[151] Shin S J, Zhou J. Transformational leadership, conservation, and creativity: Evidence from Korea. Academy of Management Journal, 2003, 46(6): 703-714.

[152] Singh J, Fleming L. Lone inventors as sources of breakthroughs: Myth or reality? Management Science, 2010, 56(1): 41-56.

[153] Smith K G, Collins C J, Clark K D. Existing knowledge, knowledge creation capability and the rate of new product introduction in high-technology firms. Academy Management Journal, 2005, 48(2): 346-357.

[154] Sparrowe R T, Liden R C, Wayne S J, et al. Social networks and the performance of individuals and groups[J]. Academy of Management Journal, 2001, 44(2): 316-325.

[155] Sung S Y, Choi J N. Effects of team knowledge management on the creativity and financial performance of organizational teams. Organizational Behavior and Human Decision Processes, 2012, 118(1): 4-13.

[156] Taggar S. Individual Creativity and Group Ability to Utilize Individual Creative Resources: A Multilevel Model[J]. Academy of Management Journal, 2002, 45(2): 315-330.

[157] Tang C Y, Zhang Y Q, Reiter-Palmon R. Network centrality, knowledge searching and creativity: The role of domain. Creativity & Innovation Management. 2020, 29(1): 72-84.

[158] Tang C Y, Ye L. Diversified knowledge, R&D team centrality and radical creativity[J]. Creativity and Innovation Management, 2005, 24 (1):123-135.

[159] Tierney P, Farmer S M. Creative self-efficacy: potential antecedents and relationship to creative performance[J]. The Academy of Management Journal, 2002, 45:137-1148.

[160] Todorova G. Expertise Diversity and Transactive Memory Systems: Insights From a Conflict Perspective[J]. Small Group Research, 2020(7):1-25.

[161] Vecchio R P, Justin J E, Pearce C L. Empowering leadership: an examination of mediating mechanisms within a hierarchical structure. The Leadership Quarterly, 2010, 21(3): 530-542.

[162] Wang C, Rodan S, Fruin M, et al. Knowledge networks, collaboration networks, and exploratory innovation[J]. Academy of Management Journal, 2014, 57(2): 459-514.

[163] Wegner D M. Transactive memory: A contemporary analysis of the group mind. In B. Mullen & G. R. Goethals (Eds.), Theories of Group Behavior. New York: Springer, 1986: 185-208.

[164] West M A, Farr J L. Innovation at work. In M. A. West & J. L. Farr (eds.), Innovation and creativity at work: Psychological and organizational strategies. Chichester: Wiley, 1990: 3-14.

[165] West M A. Sparkling fountains or stagnant ponds: An integrative model of creativity and innovation implementation in work groups. Applied Psychology: An International Review, 2002a, 51: 355-387.

[166] Wiltermuth S S. Dominance complimentarity and group creativity. Creativity in groups, in Mannix E A, Neale M A, Goncalo J A(Eds.). Research on Managing Groups and Teams, Vol. 12. Emerald Group Publishing Limited, 2009: 57-85.

[167] Woodman R W, Sawyer J E, Griffin R W. Toward a Theory of Organizational Creativity[J]. Academy of Management Review, 1993, 18(2): 293-321.

[168] Xia H, Li J, Weng J, et al. Collaborative knowledge sharing in global distributed teams: antecedents of innovation performance[J]. Journal of Knowledge Management, 2021, 25(10): 2523-2539.

[169] Yan B, Hollingshead A B, Alexander K S, et al. Communication in transactive memory systems: A review and multidimensional network perspective[J]. Small Group Research, 2020, 52(1): 1-30.

[170]Zaleznick A. Making managers creative: The psychodynamics of creative and innovation[C]. In Kuhn, R. L. (Ed.), Handbook for creative and innovative managers, USA: McGraw-Hill, Inc. 1988.

[171]Zhang R, Wang J, Hao J X. How does knowledge heterogeneity affect transactive memory system in innovation? Evidence from a field study[J]. Journal of Knowledge Management, 2020, 24 (8): 1965-1985.

[172]陈威豪. 创造与创新氛围研究述评[J]. 自然辩证法研究，2006，22(11)：15-20.

[173]戴万亮，杨皎平，李庆满. 内部社会资本、二元学习与研发团队创造力[J]. 科研管理，2019，40(1)：159-169.

[174]陆欣欣，涂乙冬. 分享还是不分享：社会困境视角下知识分享[J]. 心理科学进展，2018(26)11：2057-2067.

[175]罗瑾琏，赵佳，薛倩雯，等. 团队领导的社会网络对团队创造力的影响：基于 SL 公司的案例研究[J]. 研究与发展管理，2015(2)：113-120.

[176]孟添天，柴菁敏，郑敏钰. 知识异质性对研发团队创造力的影响：知识整合能力的中介作用和主观关系体验的调节作用[J]. 技术经济与管理研究，2022(4)：41-45.

[177]彭灿，杨红，许春，等. 交易型领导与研发团队创造力的影响机制与实证检验[J]. 技术经济与管理研究，2021(08)：52-56.

[178]孙永磊，宋晶，陈劲. 组织创造力形成的影响因素探索及实证研究[J]. 科学学与科学技术管理，2018，39(8)：40-52.

[179]汤超颖，高嘉欣. 员工创造力从何而来？创造力的影响因素和形成机理[J]. 中国人力资源开发，2018，35(6)：62-100.

[180]汤超颖，黄冬玲. 知识网络与创造力的国内外研究综述[J]. 科学学与科学技术管理，2016，37(3)：43-49.

[181]汤超颖，邹会菊. 基于人际交流的知识网络对研发团队创造力的影响[J]. 管理评论，2012，24(4)：94-100.

[182]唐贵瑶，李鹏程，李骥. 国外授权型领导研究前沿探析与未来展望[J]. 外国经济与管理，2012，34(9)：73-78.

[183]王端旭，薛会娟. 交互记忆系统对团队创造力的影响及其作用机制：以利用性学习和探索性学习为中介[J]. 科研管理，2013，34(6)：106-114.

[184]王端旭，国维潇，刘晓莉. 团队内部社会网络特征影响团队创造力过程的实证研究[J]. 软科学，2009，23(117)：25-28

[185]王黎萤，陈劲. 研发团队创造力的影响机制研究：以团队共享心智模型为中介[J]. 科学学研究，2010，38(3)：420-428.

[186]王巍，孙笑明，崔文田. 社会网络视角下的知识搜索和知识扩散研究述评与展望[J]. 科学学与科学技术管理，2020(6)：36-54.

[187]肖瑶，彭新敏，李剑. 知识—关系双网下的组织惯例创新机理研究[J]. 科学学研究，2021，39(4)：758-768.

[188] 肖余春，罗仕文，吴伟炯，等. 团队认知协同视角下新产品研发活动研究：基于交互记忆系统和共享心智模型的协同作用[J]. 科技管理研究，2019，39(6)：114-120.

[189] 徐露允，龚红. 协作研发伙伴多元化、知识网络凝聚性与企业新产品开发绩效[J]. 南开管理评论，2021，24(3)：160-172.

[190] 杨红，彭灿，李瑞雪，等. 变革型领导、知识共享与研发团队创造力：团队成员异质性的倒U型调节作用[J]. 运筹与管理，2021，30(1)：217-224.

[191] 余维新，熊文明，黄卫东，等. 创新网络关系治理对知识流动的影响机理研究[J]. 科学学研究，2020，38(2)：373-384.

[192] 余义勇，杨忠，李嘉. 领导跨界行为对团队创造力的影响机制研究[J]. 科学学研究，2020，251(03)：133-142.

[193] 张钢，熊立. 交互记忆系统研究回顾与展望[J]. 心理科学进展，2007，15(5)：840-845.

[194] 张华，席酉民，丁琳. 社会网络对个体创造力的作用机理研究[J]. 科学学与科学技术管理，2008，11(2)：185-191

[195] 周浩，龙立荣. 工作不安全感、创造力自我效能对员工创造力的影响[J]. 心理学报，2011，8：929-940.

[196] 朱丽叶·M. 科宾，安塞尔姆·L. 施特劳斯. 质性研究的基础：形成扎根理论的程序与方法[M]. 朱光明，译. 重庆：重庆大学出版社，2015.

[197] 温忠麟，张雷，侯杰泰. 有中介的调节变量和有调节的中介变量[J]. 心理学报，2006，38(3)：448-152.